我们一起解决问题

华能能源交通产业控股有限公司 著

# 赋能 区块链

## 能源电力物资供应链数字化转型

人民邮电出版社

北　京

图书在版编目（CIP）数据

区块链赋能 ：能源电力物资供应链数字化转型 / 华
能能源交通产业控股有限公司著. -- 北京 ：人民邮电出
版社，2023.11
　ISBN 978-7-115-62007-1

　Ⅰ．①区… Ⅱ．①华… Ⅲ．①区块链技术－应用－电
力工业－物资供应－供应链管理－研究－中国 Ⅳ.
①F427.22

中国国家版本馆CIP数据核字(2023)第112548号

## 内 容 提 要

　　区块链作为我国大力发展数字经济的基础设施之一，能够促进物资供应链数据的融合
共享，为资产密集型企业打造高效协同的智慧物资供应链提供解决方案。

　　本书通过能源电力物资供应链和区块链两条脉络，将物资供应链的产生与发展、物资
供应链的数字化转型和"双链融合"的理论与实践紧密结合，分析了物资供应链的产生背
景与发展现状，以及能源电力领域不同专业的物资供应链特点、能源电力物资供应链面临
的新任务及其数字化转型现状与新问题；介绍了区块链对物资供应链的赋能作用、在物资
供应链中的应用场景，提炼了区块链与物资供应链相融合的"双链融合"行动方案；介绍
了华能集团物资供应链建设的背景、发展历程、实施"双链融合"的实践路径与配套体
系，以及华能集团在"双链融合"的实践过程中形成的成果。

　　本书适合企业管理者、区块链从业者、供应链从业者阅读，也可以作为高等院校相关
专业师生的参考用书。

　　◆　　著　　华能能源交通产业控股有限公司
　　　　责任编辑　张国才
　　　　责任印制　彭志环
　　◆ 人民邮电出版社出版发行　　　北京市丰台区成寿寺路 11 号
　　　　邮编 100164　　电子邮件 315@ptpress.com.cn
　　　　网址 https://www.ptpress.com.cn
　　　　北京建宏印刷有限公司印刷
　　◆ 开本：700×1000　1/16
　　　　印张：16　　　　　　　　　　　　　2023 年 11 月第 1 版
　　　　字数：200 千字　　　　　　　　　　2024 年 9 月北京第 5 次印刷

　　　　　　　　　　　定　价：89.00 元
读者服务热线：（010）81055656　印装质量热线：（010）81055316
　　　　　　　反盗版热线：（010）81055315
　　　　广告经营许可证：京东市监广登字 20170147 号

## 编委会

许世森　向泽江　吴永钢　张　巍　王绪繁

柯晓凡　谭泽平　薛轶峰

## 专家组

刘　权　王金龙　陈黎兴　宁家川　黄忠义

孙小越　郭　杰

## 编写组

文　军　马晓燕　陈竞翔　胡　俊　覃道湘

黄云飞　刘　权　罗永校　刘　铎　刘军伟

黄　杰　牛　跃　李俊华　李建龙　陈　谦

许　晖　章世喜　刘　超　廖海涛　刘　博

孙　瑾　戴晶晶　苏永格　王梦劼　甲　宁

# 推荐序一

伴随数字化浪潮，借助新一代信息技术推动供应链数字化纵深发展受到各界关注。区块链是新一代信息技术的重要组成部分，其应用已经延伸到数字金融、智能制造、供应链管理等多个领域，彰显出区块链赋能实体经济的巨大潜力。在培育以新一代信息技术为驱动的智慧供应链过程中，区块链将在促进数据共享、优化业务流程、降低运营成本、提升协同效率、建设可信体系方面发挥重要作用，进而有力推动供应链数字化、智能化。

区块链＋供应链的"双链融合"得到了企业界和政府部门的认可，并逐渐演化为供应链转型升级的有效路径。众所周知，找到能够切实解决行业发展痛点，并且形成一定规模的行业级区块链应用，是区块链技术发展的必经之路。《区块链赋能：能源电力物资供应链数字化转型》就是一本围绕资产密集型企业中的物资供应链，系统性介绍、分析和探讨"双链融合"的好书。首先，本书体现了对产业发展实际需求的把握，对于广大从业者来说是一本不可多得的参考读物。其次，本书以应用和需求为导向，将理论和实践相结合，提炼了"双链融合"的理论框架、实践路径与评估指标，并从华能集团物资供应链转型的实际案例出发，在顶层设计、技术框架、应用案例等方面全方位展示企业的"双链融合"实践，让读者能够客观、理性、全面地认识基于区块链技术的能源电力物资供应链的发展新模式，为读者在实际生产生活中的应用实践提供了思路参考。

滴水不成海，独木难成林，希望更多的实体经济从业者能够把握数字经济发展机遇，运用好新技术实现新飞跃，也希望有更多金融科技从业人员、学者、投资者和企业家能够参与区块链的理论研究与实践探索，为区块链技术的应用发展注入更多新鲜血液。

蔡亮

浙江大学教授

全国区块链和分布式记账技术标准化技术委员会副秘书长

# 推荐序二

百年未有之大变局，也是全球供应链的大变局。供应链一端连着产业供给，另一端连着末端消费，是畅通经济循环的大动脉。因此，供应链的稳定与畅通是保障国民经济循环的基础。党的二十大报告中三次提及供应链韧性与安全，供应链在应对危机和挑战中占据越来越重要的地位。

当前区块链、大数据、云计算、物联网、人工智能等数字技术不断发展，并与各行业产生广泛融合，数字化、智能化场景持续涌现，推动数字经济蓬勃发展。持续发展的数字技术与飞速发展的数字经济已成为引领发展的强大动力，引发生产方式变革，丰富生产要素的内涵。社会各界对于利用信息技术驱动传统产业数字化转型的认同度越来越高，供应链也在产业和企业的数字化转型中迈入新的发展阶段。供应链数字化转型既可以带来商业模式的转变，例如，借助信息技术搭建生态协同平台，实现物流、资金等资源的整合利用；也可以带来流程优化与创新。

在供应链数字化转型的过程中，区块链以其"不可篡改"特性解决社会信用中的存证难题，利用"分布式"与"共识机制"化解信息共享与信息不对称难题，通过"智能合约"解决多主体协作困难。区块链凭借其独特的技术优势，成为供应链数字化转型中不可忽视、不可替代的关键技术之一。将区块链技术应用于企业的供应链数字化转型是构建大规模供应链可信协作网络的重要趋势，企业能够通过区块链构建信任机制，连接供应网络，提升供应链供需对接的效率，塑造更有竞争力的数字化供应链。

《区块链赋能：能源电力物资供应链数字化转型》详细阐述了资产密集型企业的代表——能源电力企业，在物资供应链数字化转型中面临的问题及解决问题的思路。本书系统性地阐述了物资供应链、物资供应链数字化的内涵，并从区块链技术的特点与物资供应链数字化转型的困境出发，分析了区块链技术如何推动物资供应链实现数字化转型。同时，本书结合华能集团的案例，较为全面地展示了企业推动区块链与供应链灵活融合的思路；从能源电力企业发展焦点、供应链发展方向出发，探讨了能源电力物资供应链未来发展的趋势，以及区块链在推动能源电力物资供应链持续向好发展中的积极作用。

总而言之，区块链、数字化、供应链都是备受关注的热点话题，它们之间相互融合、相互促进的趋势不可阻挡；区块链核心技术的创新与完善也将推进供应链数字化新模式、新理念的发展，加速形成智慧供应链体系。

刘权

俄罗斯自然科学院院士

中国电子信息产业发展研究院副总工程师

# 目录

第 1 章

# 物资供应链的诞生与发展

　　物资是资产密集型企业经营与生产的基础，它决定了企业的经营利润，也会直接影响生产的效率与质量。伴随着全球经济增速放缓及市场竞争日趋激烈，企业的高库存、低周转及多层级管控模式进一步加剧了物资管理的复杂度，集中化管理、多方合作共赢的物资供应链成为资产密集型企业提高精益化管理水平和经济效益的重要抓手。企业与企业之间的竞争开始转化为企业所处的供应链与供应链之间的竞争。在数字化转型的浪潮中，我们充分结合了当前数字技术的发展和管理模式的变革，加快推动物资供应链进入智慧物资供应链新阶段。

# 1.1 面临变革的物资管理

## 1.1.1 企业物资管理需求升级

常见的资产密集型企业，如石油、电力、化工、装备制造、工程建筑、轨道交通、采矿及冶炼等集团企业的内部组织庞大、业务流程复杂、多产品线共存，通常拥有巨量的固定资产（设备），并需要保障海量物资的供应。在企业生产经营过程中，对所需物资的采购、储运、分配、使用、回收等行为进行的计划、组织和控制工作都属于物资管理的范畴。

企业物资管理工作主要包括建立权责明确的采购组织和管理制度、制定需求供应计划、开展采购、规划仓储选址与作业、调拨分配和物流运输、废旧物品回收和处置等，这些工作紧密联系、互相影响。通过开展物资管理工作，按质、按量、及时、均衡地供应企业所需要的各种生产资料，监督和促进生产过程科学、合理、节约地使用物资，保障生产经营的正常运行，降低生产成本并加速资金周转，是保障企业生产的关键任务。科学、高效的物资管理逐渐成为企业实现利润最大化和提升行业竞争力的重要突破口，也是现代企业管理的重要组成部分。

传统的物资管理采用"计划配给"模式，即企业的主管部门为其分配一定数量的生产物资。今天，对于组织层级复杂、业务种类众多的资本密集型企业来说，物资管理的压力与日俱增，主要表现为以下几个方面。

第一，内部业务管理松散，企业经营成本高、效率低。由于企业组织层

3

级和环节构成复杂，物资品类多、采办周期长，需求计划的提报不集中、采购分散、仓库选址和运输网络缺乏统一规划，造成物资采购单价高、物资运输成本高。多数企业尚未实现全面信息化，已有业务系统在建设时缺乏统筹，导致系统间的数据无法自动集成和对接。例如，业务人员为了提报需求和查看需求进度，经常需要在企业资源计划（Enterprise Resource Planning，ERP）、供应商关系管理（Supplier Relationship Management，SRM）、合同系统等多个系统间频繁切换登录和查询信息才能完成一项工作任务。

第二，内外协作程度低，造成企业物资供需难保障。伴随着产业分工进一步细化、物资采购地域分散化、行业内部市场化竞争加大等外界环境的变化，重资产企业与上下游供应商之间的合作流程长、要求复杂。加上需求的波动、供需的博弈、利益的分配及合规性的制约等因素，造成信息不透明、信息时效性滞后，进而导致协同基础薄弱。供应商的生产、供货、运输能力难以满足企业临时性、紧急性的需求变化，绝大部分与供应商的互动都局限在单点互动。

当前，许多企业在创新管理路径方面做了尝试。例如，根据实际需求制定科学、合理的物资管理计划，加强对生产用料消耗定额的管理，在确保物资质量的基础上控制采购费用，从而改善物资积压和浪费的现象；开展多渠道、多样化的物资采购，全面分析市场环境、物资价格、物流成本，降低企业经营过程的经济负担；建立专门的物资部门，实施物资集中采购，配备高素质的采购人员和信息化管理系统。在经济与信息化日益发展的今天，优化企业物资管理模式，从生产端、供给侧调整供给结构，保障生产物资的及时供应，对于企业高质量发展至关重要。因此，注重一体化集成和内外协同的供应链及其管理模式，对于实现物资管理的创新突破具有重要作用。

## 1.1.2 物资管理与供应链管理融合发展

（1）供应链的概念与分类

企业要想生存和发展，必须将生产的产品转化成利润。但是，随着市场竞争的加剧和买方市场的形成，任何企业都无法仅靠自己的力量完成各项业务。为了赢得客户和市场，企业必须联合其上下游，建立以客户及客户满意度为中心的管理，并形成一条经济利益相连、业务关系紧密、资源优势互补的价值链，这样才有可能取得竞争的主动权。这就产生了供应链管理的思想。

经济发展与商业模式的变化使供应链的定义不断得到充实和完善，许多专家学者基于差异化的背景和视角对供应链做出了定义，丰富了供应链的理论研究。供应链的概念最早起源于 1985 年哈佛大学商学院迈克尔·波特（Michael Porter）在《竞争优势》一书中提出的"价值链"概念，他将企业活动分解为基本活动和辅助活动。其中，基本活动包括内外部物流、生产作业、市场营销；辅助活动包括采购、技术开发、人力资源管理、企业基础设施建设。从中可以看出，价值链主要是针对单个企业提出的概念，通过价值链将企业生产运营涉及的各类活动进行分类，为后来价值链理论的扩展以及供应链概念的提出奠定了基础。

英国著名物流专家马丁·克里斯多夫（Martin Christopher）在《物流与供应链管理》一书中将供应链定义为涉及将产品或服务提供给最终消费者的过程的上游及下游企业组织所构成的网络。马丁·克里斯多夫认为供应链并非单一的链条，而是由多个链条交织而成，供应链上下游的企业通过需求与供应形成紧密的合作关系。

2017 年 10 月，国务院发布《关于积极推进供应链创新与应用的指导意见》，明确了我国对供应链的定义。供应链是以客户需求为导向，以提高质量和效率为目标，以整合资源为手段，实现产品设计、采购、生产、销售、服务等全过程高效协同的组织形态。2021年8月，国家市场监督管理总局、国家标准化管理委员会颁布的《中华人民共和国国家标准：物流术语（GB/T 18354-2021）》将供应链定义为在生产及流通过程中，围绕核心企业的核心产品或服务，由所涉及的原材料的供应商、制造商、分销商、零售商直到最终用户等形成的网链结构，如图1-1所示。

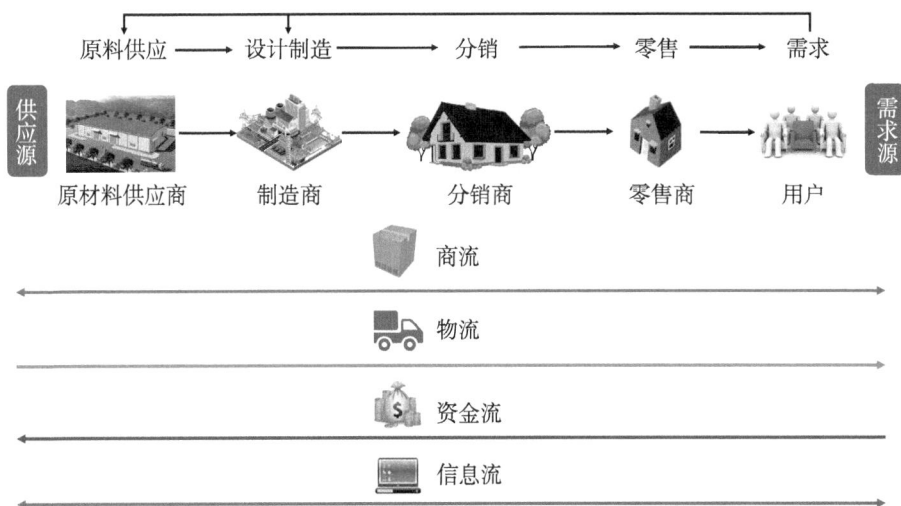

原料供应 → 设计制造 → 分销 → 零售 → 需求

供应源 原材料供应商 制造商 分销商 零售商 用户 需求源

商流

物流

资金流

信息流

**图 1-1 供应链的网络组织**

根据不同的分类方式，供应链可以划分为以下几种类型。

第一，根据管理范围的不同，供应链可以分为内部供应链和外部供应链。

内部供应链是企业内部产品生产和流通过程中涉及的采购部门、生产部门、仓储部门、销售部门等组成的供需网络。外部供应链是指原材料供应商、制造商、储运商、零售商、最终消费者等组成的参与企业产品生产和流通的供需网络。两者共同构成了企业产品从原材料到成品，再到消费者的供应链。

第二，根据供应链中企业地位的不同，供应链可以分为盟主型供应链和非盟主型供应链。

盟主型供应链是指链中某一节点企业在整个供应链中占据主导地位，对其他成员具有很强的辐射能力和吸引能力，通常称该企业为核心企业或主导企业。非盟主型供应链中企业的地位差距不大，对供应链的重要程度相近。

第三，根据供应链中供给与需求稳定性的不同，供应链可以分为效率型供应链、风险规避型供应链、响应型供应链、敏捷型供应链，如图 1-2 所示。

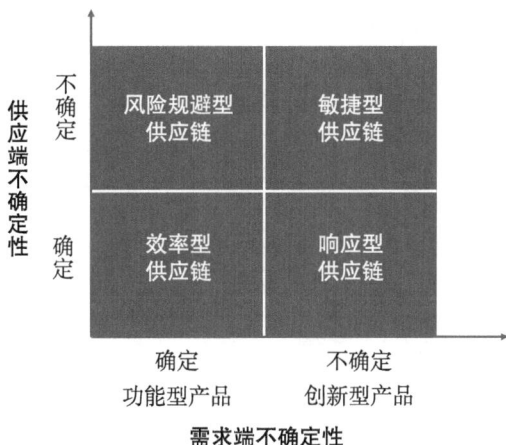

图 1-2　按供需稳定性区分的供应链示意图

效率型供应链是通过大规模生产、实施生产和运输标准化，实现规模经济，降低成本，提高市场占有率；主要面向食品、常规服装等供应稳定的功能型产品。风险规避型供应链是指通过设置多供应源、加强信息共享、增加安全库存和共享库存，降低供应风险；主要面向农产品、水、电等供应不确定性强的功能型产品。响应型供应链是指通过信息系统快速传递客户需求信息，实现定制化；主要面向化妆品、流行时装等供应稳定的创新型产品。敏捷型供应链是指通过加强与供应商的合作，从而共享产品设计、库存等资源；主要面向电信设备、高端消费电子产品等供应不确定性强的创新型产品。

第四，根据网链结构形态的不同，供应链可以分为 V 型供应链、A 型供应链和 T 型供应链，如图 1-3 所示。

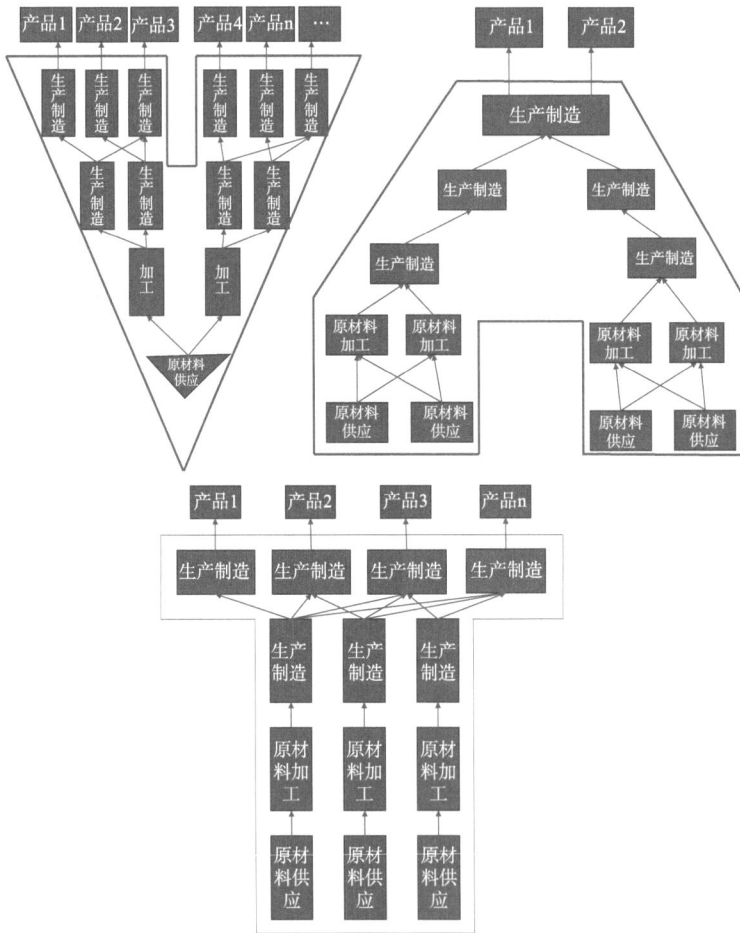

图 1-3　V 型、A 型、T 型供应链示意图

V 型供应链是发散型的网链结构，客户和产品的数量多于供应商和原材料的数量，常见于原材料单一、产品多样化的行业，如石油、化工、造纸和纺织产业。A 型供应链是汇聚型的网链结构，客户和产品的数量少于供应商和原材料的数量，常见于原材料、配件种类丰富，产品种类相对较少的行业，如飞机和汽车制造业。T 型供应链介于上述两种供应链之间，在接近最终用户的行业中普遍存在，如医药保健品、汽车配件、电子产品等。

国内外的实践表明，推进供应链创新发展，促进经济运行中物流、资金流、信息流和商流的高效流动和反馈，能够有效降低企业的经营和交易成本，促进产业跨界和协同发展，有利于深化产业分工、提高集成创新能力。当前，供应链发展正从强调企业个体层面的流程优化转向整个产业链、价值链上的协同进步。推动供应链创新发展已成为当前落实新发展理念的重要举措、推进供给侧结构性改革的重要抓手。

（2）供应链管理的内涵

供应链管理（Supply Chain Management，SCM）是一种先进的管理思想和方法，它以客户和最终消费者的需求为经营导向进行生产和供应，执行供应链中从供应商到最终用户的计划和控制等职能，实现客户价值最大化和供应链成本最小化。

传统经营模式是围绕企业内部的局部性管理，如采购 / 供应管理、生产运营管理、物流管理等，管理模式往往以企业的职能部门为基础，无法完全发挥职能效率。供应链管理注重内部供应链管理、外部供应链管理及二者之间的整合，借助信息技术和电子商务，彻底地改变了供应链上原有的物流、信息流、资金流的交互方式和实现手段，并注重最小库存和零库存的观念，最终提高单个企业及其供应链整体的长期效益。供应链管理通过资源整合和流程优化，实现了由企业内部供应链管理延伸及面向全行业的管理边界突破，能够促进产业跨界和协同发展，实现供需精准匹配和产业转型升级。

根据国际供应链理事会（Suply Chain Council，SCC）的定义，完整的供应链管理主要包括以下五个方面，如图 1-4 所示。

图 1-4  供应链管理示意图

① 计划，即规划需求和供应流程的计划，需要通过制定策略来管理和调整供应链的所有资源，以满足客户对产品或服务的需求，使供应链能够有效、低成本地为客户提供高质量和高价值的产品或服务。

② 采购，明确企业维持生产经营所需要的产品或服务，并选择提供这些产品和服务的供应商，与供应商建立一套定价、交付和付款、合作管理的交易流程，并创建方法管理和改善从报价到付款的所有流程与机制。

③ 制造，安排生产、测试、包装、准备送货等流程，通过策略与机制管理和提升产品质量、产量及生产效率等内容。

④ 交付，建立仓储机制，安排运输人员提货或送货到客户手中，建立收发货品系统与收付款系统，实施物权转移等行为。

⑤ 退、换、修，是供应链中的问题处理部分，建立从客户端向企业端

的逆向流程和体系，接收客户退回的次品和多余产品，并在客户应用产品出问题时提供支持。

供应链管理的核心思想是集成和协同。集成是企业内部及企业间供给和需求管理的集成，涵盖组织集成、资源集成、系统集成和业务集成等内容，着眼全局优化供应链的商流、物流、信息流、资金流，由供应商开始，经制造商、分销商、零售商，直到最终客户的全要素、全过程的集成化管理模式。集成化供应链（Integrated Supply Chain，ISC）就是指供应链的所有成员单位基于共同的目标而组成的一个"虚拟组织"，组织内的成员通过信息的共享、资金和物质等方面的协作，优化组织目标和整体绩效。

协同是要求将供应链上分散在各地、处于不同价值增值环节、具有特定优势的独立企业联合起来，彼此协调并相互合作。供应链协同（Supply Chain Collaboration，SCC）就是指供应链的各节点（包括上下游各企业及企业内各部门）在互利共赢的基础上形成深入合作、信息共享、流程互通、风险共担的协同机制，各节点企业为提高供应链的整体竞争力而开展的一系列业务协同活动。供应链协同管理就是针对供应链网络各职能成员间的合作所进行的管理。供应链协同管理从系统的全局观出发，有效促进供应链企业内部和外部协调发展，在提高供应链整体竞争力的同时，实现供应链节点企业效益的最大化目标，开创多赢的局面。

随着企业信息化管理的普及，ERP、CRM、网络通信、电子商务等加速了我国企业和产业的供应链管理的发展。企业从过去割裂、分散、独立运作的模式优化为以计划为引领，采购、生产制造、交付、退换货各个模块相互协作，上下游企业相互协同的模式，让供应链的总成本更低、速度更快、服务水平更高，从而强化了企业的竞争优势，在链与链的竞争中胜出。

（3）供应链管理提供企业物资管理新思路

在当前流通成本、沟通成本越来越低廉的全球信息化时代，面对物资管理中采购供应效率低、成本高等问题，越来越多的资产密集型企业通过实践供应链管理，将过去分散的组织体系连成一个整体，实现端到端的集成管理和跨部门、跨体系的协同，从而获得更低的成本、更高的效率。因此，供应链集成和协同管理成为解决物资管理的关键方法，并逐步上升到企业战略的高度。

第一，形成一体化集成管理模式，降低物资管理成本。融合供应链管理集成思想的物资管理能够将物资采购、仓储、运输等相对独立的环节有机整合为一体，整合各部门、各分支机构的物资需求，实现需求一揽统管，实施集中采购，设置区域级中心仓库，推进运力统一调度。通过一体化集成优化资源配置，清晰划分不同企业和部门的职责，提高物资供应效率，推进规模化管理，降低物资的采购与物流成本。

第二，深化物资管理的内外协同工作，实现供需平衡。融合供应链管理协同思想的物资管理有助于在企业物资管理部门、物资需求部门与外部供应商保持信息沟通，提升物资管理工作全流程的信息透明度。建立多方合作机制，实现需求计划、发运配送、交付结算等环节的无缝对接。供应链上下游各企业在进行协同时的具体策略包括重要数据的交换、计划管理的共享、上下游的需求预测、各节点采购信息的共享、生产环节的协同、销售节点的共享等。加深供需双方合作层次的工作包括签订战略框架协议、前移合作关口、允许供应商参与物资需求计划的制定和产品设计、建立联合仓储等。上述协同工作可以将传统物资采购管理模式下供需双方简单的买卖关系提升为战略合作伙伴关系，提高供需双方关系连接的稳定性，保障物资供应的时效性。

## 1.2 应需而生的物资供应链

### 1.2.1 物资供应链的认知

（1）物资供应链的定义

当前，资产密集型集团企业已经从早期复制快消零售行业供应链模式，逐步进入探索适配自身特色的供应链管理模式的新阶段。石油化工、能源电力、装备制造等企业长期的高库存、低周转、多层级流程使企业物资管理的难度加剧，如何实现物资需求的快速响应和稳定供应，成为企业供应链管理的焦点问题。为满足物资管理在成本控制、质量控制、效率提升方面的需求，结合新的供应链管理模式要求开展物资供应链管理，对于企业构建长期核心竞争力至关重要。

物资供应链（Materials Supply Chain，MSC）是以集团企业生产经营的物资需求为导向，以供应链集约化、协同化为手段，实现物资全生命周期管理的组织形态，如图 1-5 所示。物资供应链的节点企业覆盖从物资进入供应链到最终使用和处理的全过程，包括原材料供应商、生产厂商、批发商、物流公司、企业物资供应中心及物资需求单位，节点企业之间形成需求与供应的关系。物资供应链中的一切活动围绕集团企业的生产需求，以保障物资安全供应、高效管理与配置。

物资供应链是从长期的生产实践中抽象出来的客观概念，借助管理手段才能真正发挥物资供应链的价值。物资供应链管理是利用信息化和数字技术对整个物资供应链系统进行计划、协调、操作、控制和优化的各种活动和过程，其目标是能够将需求物资在正确的时间，按照准确的数量、合规的质量

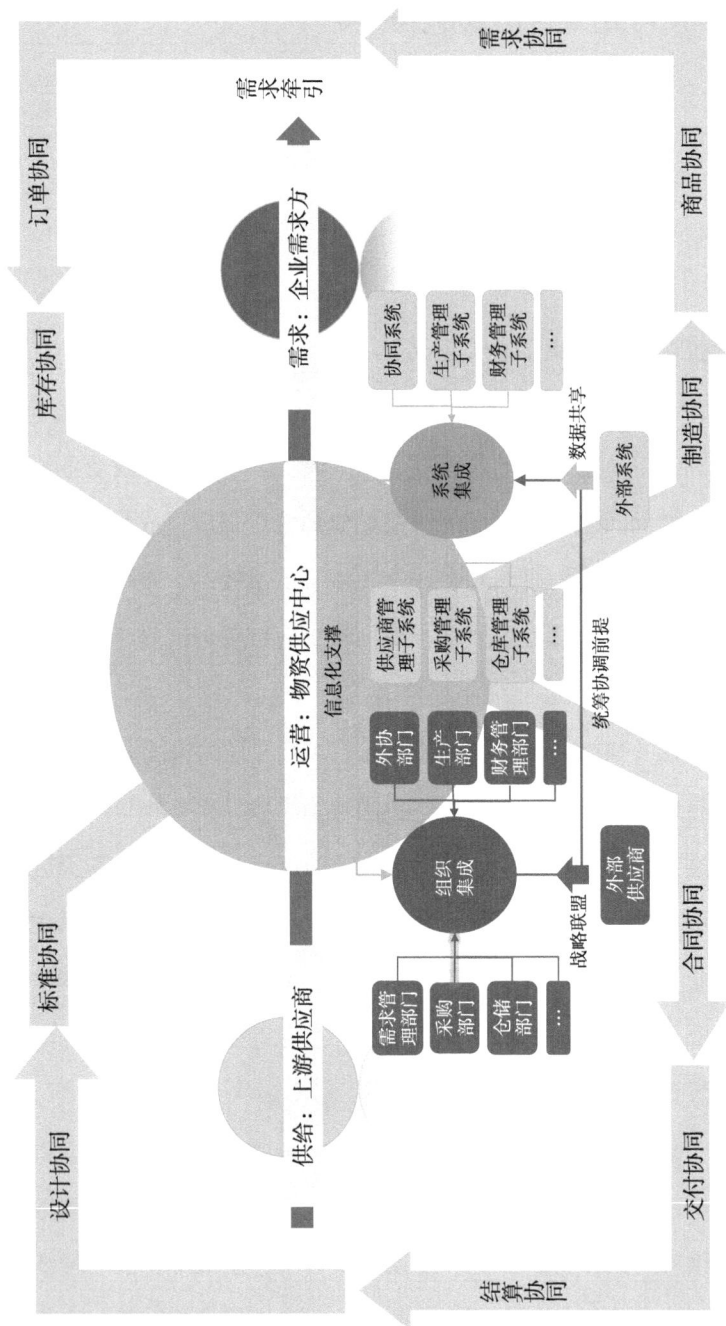

图 1-5　物资供应链概念图

送到正确的地点，并使这个过程所耗费的总成本最小。

从微观的角度来看，物资供应链管理能够使集团企业的合作伙伴形成联盟，对物资供应链中的资金流、物流、信息流、商流进行有效管理，以实现最佳效益并塑造自身竞争优势；从宏观的角度来看，物资供应链能够有力推动行业资源整合，有利于调整和升级产业结构，为加速产业转型提供支点。

（2）物资供应链与供应链的关系

物资供应链由物资管理和供应链管理结合而来，物资供应链与供应链在价值导向、构成要素等方面一脉相承。由于物资供应链大多存在于集团型的资产密集型企业，因此二者之间也存在一些差异。

① 需求导向差异

一般行业的供应链多由市场需求驱动，其供应链价值主要体现在成本控制和快速存货周转、灵活短时供应等。而资产密集型企业多由物资的需求计划驱动，物资供应链的核心价值在于保障物资供应，以及物资长期储存过程中的妥善保管、库存安全，物资的供应业务通常不以获得直接收益为目的。

② 组成差异

物资供应链的链条更短，下游是企业的生产部门，与广义的供应链相比，不涉及核心企业的产品分销业务。

③ 供需活动面向对象的差异

物资供应链面向的是资产密集型企业，针对的是该类企业为了维持生产经营所开展的物资规划、购买 / 建设、运维、维修、退役等全生命周期的物资供应活动。一般行业供应链面向的对象既包含大中小型的企业，也包括大众消费者，针对的是为生产出客户所需的产品或服务而开展的生产和流通活动。

物资供应链是供应链的重要组成部分，是供应链在企业层面的微观表达，二者的组织形态如图 1-6 所示。

（a）供应链组织形态示意图

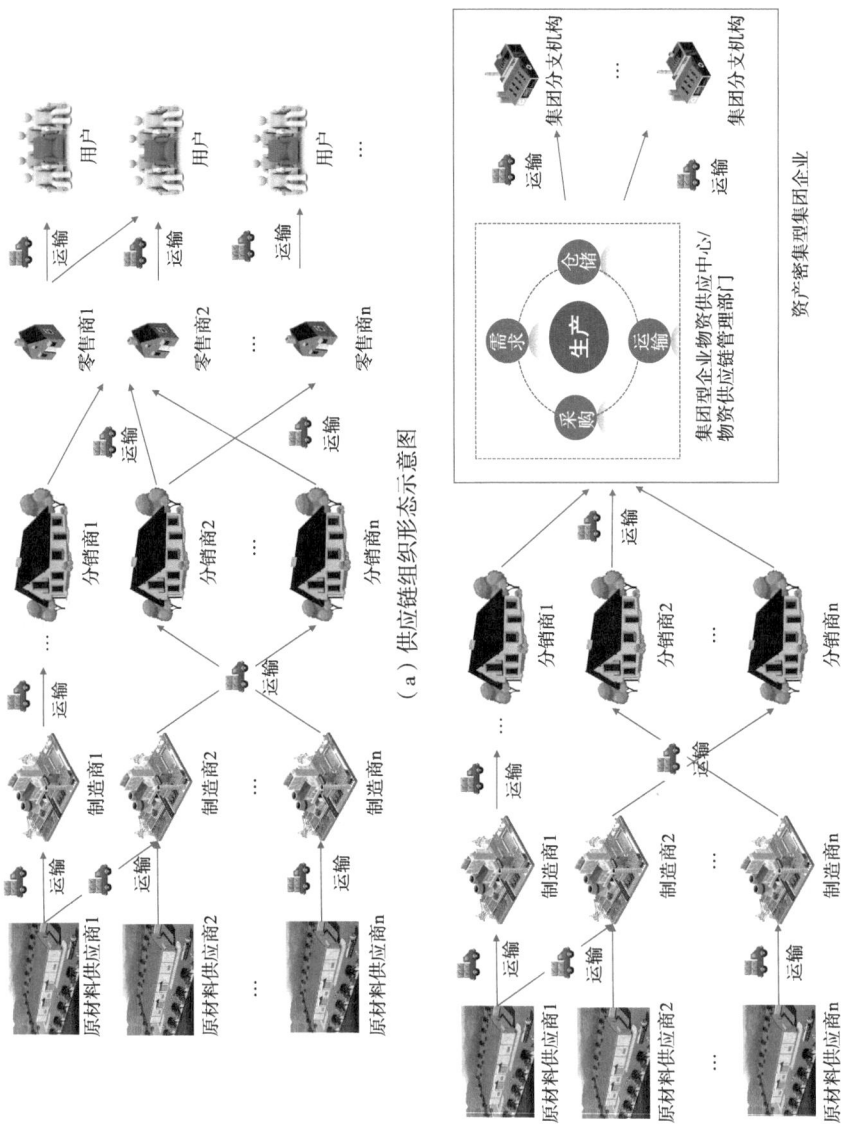

（b）物资供应链组织形态示意图

图 1-6　物资供应链与供应链的组织形态

供应链在各行各业都普遍存在，而物资供应链主要存在于电力工业、交通设备制造、石油化工、重型机械制造等资产密集的集团型企业之中。物资供应链的对内管理更具体。物资供应链管理工作不仅包括物资采购计划的制定与执行、物资的接收、逆向物流，还更加重视物资在库管理、物资统筹调拨、闲置物资处置。

## 1.2.2 物资供应链的理论体系

物资供应链诞生于企业的管理实践，有扎实的学科基础、完善的业务流程、丰富的组成要素、明确的职能定位，其理论体系如图 1-7 所示。

（1）物资供应链的学科基础

物资供应链是一个控制优化、分析决策和经营管理等多领域的复合型概念，以应用数学和管理学为学科基础。

① 应用数学

应用数学是数学学科体系的重要组成部分，包括数理统计、运筹学、概率论、信息与计算科学等多个分支。通过运用数学知识、使用计算机解决实际问题，将生产、管理中的现实问题抽象出来，基于科学计算提升物资供应链的管理水平。例如，概率论与数理统计能够为提升需求计划的预测准确性、决策客观性提供理论指导；运筹学能够求解和优化整个供应链系统的各种决策类问题，被广泛应用于物资库存管理、仓库选址、运输路径规划等方面。

② 管理学

管理学是一门研究管理活动基本规律和一般方法、探求管理效益最大化的综合性交叉学科，主要包括决策理论、系统管理理论、组织管理学、信息

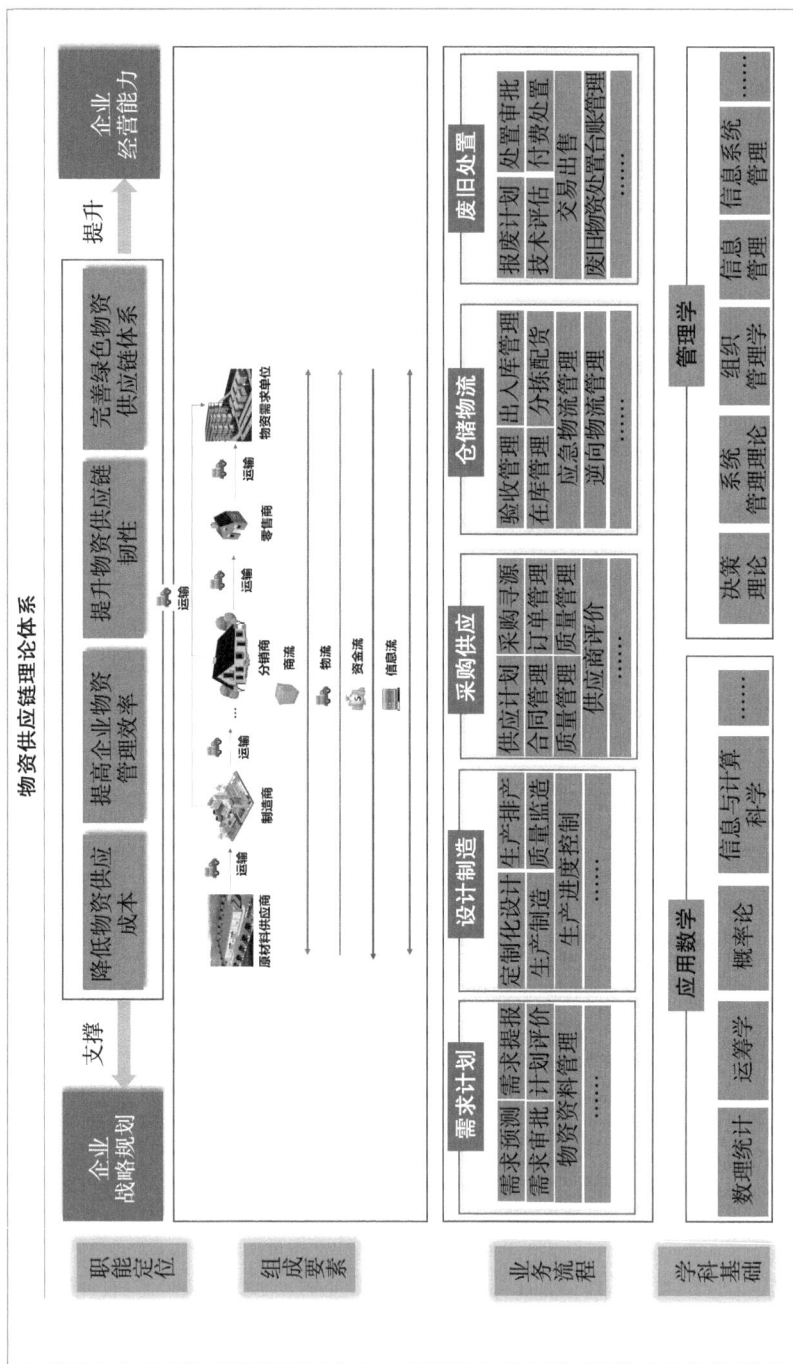

图 1-7　物资供应链理论体系示意图

管理与信息系统管理等学科。决策理论能够为物资供应链建立组织体系，更好地为规划仓库和配送中心的选址、采购供应方式、配送运输路线等提供决策方案。系统管理理论能够为分析物资供应链管理活动和管理过程提供理论依据，优化物资供应链业务流程和资源配置。组织管理学能够辅助物资供应链围绕目标开展组织设计、组织运作和组织调整，提升物资供应链中的企业业务部门的管理能力。信息管理与信息系统管理能够指导物资供应链信息化系统建设和数字化转型。

（2）物资供应链的业务流程

物资供应链的业务流程包括需求计划、设计制造、采购供应、仓储物流、废旧处置5个主要业务环节。

① 需求计划

物资需求计划管理是物资供应链管理的源头，是引领物资质量提升及择优确定供应商的基础，是决定整个物资供应链运营效率和效益的关键环节。需求计划的制定需要综合考虑物资的历史需求记录、供应商生产能力、预期产量、企业技改检修计划等信息，计划内容应涵盖物资的品类、数量、规格、质量标准、技术参数、预算金额等内容。企业通过科学预测需求计划，平衡物资需求、生产计划和供应能力，从而下达准确的订单指令，减少生产的波动和不确定性。

物资需求计划可以分为周期性需求计划和批次性需求计划。其中，周期性需求计划是企业按年度、季度、月度预测汇总需求计划；批次性需求计划是指需求单位（主要为企业的生产部门）根据企业下发的全年招标采购批次计划安排，结合自身项目建设进度和生产经营的实际情况编制的物资需求计划。

② 设计制造

采购执行过程中通常因物资的详细技术参数、质量标准等信息无法高效传递给供应商、生产厂家导致物资供应过程中发生退货或返工。在设计制造环节，首先要通过建立物资技术参数、品类编码、质量规范等标准，规范供应商对合同、订单履约过程中信息的一致性；其次，负责物资产品的设计团队或供应商应该根据需求部门的要求提供定制化的产品或服务；最后，原材料、元器件及其他中间产品的制造供应商根据设计要求应用恰当的生产制造工艺和工程技术完成生产任务，采购部门监督物资的质量检验和按期交付。

③ 采购供应

采购供应是为满足物资需求而从事的采购活动，是对物资需求计划的拆解和落地执行。物资采购涉及的主要工作包括采购目录管理、采购计划管理、采购寻源、招标、合同管理、交付结算等。

物资采购模式可以分为分散采购、集中采购和联合采购。分散采购主要针对采购量小、单位价值低、市场价格透明、供应渠道多的零星物资采购。集中采购是将分散的采购行为集中起来，打破地区局限和供应商数量的有限性。集中采购能充分发挥大企业的采购优势，增大与供应商的议价空间，在交货时间、付款方式、质量保证、售后服务等方面得到更加优惠的条件。同时，集中采购可以使采购信息高度集成和广泛共享，更有利于企业高层对采购实施调控，增加采购透明度，有效防范采购风险。联合采购是指两家或以上购买相同类型物资的企业将采购订单合并后进行统一采购，这样能够降低采购成本。企业会根据物资价值、采购数量、采购金额等因素选择不同的采购方式，大型企业的采购模式逐渐变为以集中采购为主、其他采购形式为辅。

④ 仓储物流

仓储物流是供应链的核心环节，主要从事物资储存、流通调控、运输配送，具体包括装卸货、质检、上架、分拣、包装、再加工、配送等。如何提高库存的周转率和资金利用率，降低原材料、半成品、成品的库存量和流通费用，是仓储与物流管理应当解决的问题。

物资仓储涉及的主要工作包括物资出入库管理、库存管理和仓库安全管理。物资出入库管理需要做好物资入库清点、验收、分类工作，依据提货单安排物资出库并做好登记，确保物资账、卡、物的一致。库存管理需要做好仓储储位的规划，确保仓储空间的合理利用和物资存放位置的快速定位。仓库安全管理需要做好防火、防盗、防潮、检修维护等安全监管工作，确保在库物资的质量不受损。

物资仓储管理工作最核心目的是保证物资的供需平衡，同时降低物资的仓储成本。因此，多种仓储策略应运而生。根据仓储物资持有量的差异，物资仓储存在联合储备、定额管理、零库存管理等多种方式。联合储备是一种通过信息化系统在多个仓库之间形成的虚拟联合库存模式；定额管理是设置一定的库存安全值，一旦仓库的物资持有量低于安全值时触发补仓行为的库存模式；零库存管理是一种库存最小化模式，它不对物资设置经常性库存，使其处于周转的状态。

物流配送的主要工作包括确定配送方式、规划运输路线、设计联合运输方案、寻找合适的运输承包商。只有建立强大的物资运输网络体系，才能保障物资供应链的正常运转。大型企业通常采取"自建物流＋社会物流"的形式完善自身运输能力。

⑤ 废旧处置

废旧处置主要是将企业长期闲置的物资重新调拨分配、回收出售，对遭受损毁的物资进行绿色无污染处理或交易出售。物资废旧处置工作包括编制废旧物资管理计划、废旧物资处置审批与技术评估，建立准确反映废旧物资来源、处置方式的物资台账等。当前，越来越多的企业开始重视物资回收处置工作，做好废旧物资处置工作能够盘活存量资产，提高企业经营效益。

（3）物资供应链的组成要素

物资供应链中存在多个节点企业，它们是物资供应链的成员，商流、信息流、资金流、物流四股支流将不同的节点联系在一起，最终形成网状形态的物资供应链。

① 商流

商流主要是物资采购和出售的流通过程，包括接受订货、签订合同、废旧处理等商业流程，它是在供应商与需求单位之间双向流动。商业流通形式趋于多元化，通过互联网等新兴媒体进行购物的电子商务形式成为主要模式。

② 信息流

信息流是物资供应链所有活动形成的数据流，包括需求计划、生产订单、排产信息、库存状态、交付过程等多种信息，也包括管理过程中的供应商信息、信用评价、绩效记录、合作关系等。信息流是供应链管理的核心，贯穿端到端供应链的所有节点和相关流程，在供货商与需求单位之间双向流动。

③ 资金流

资金流就是货币的流通，是物资供应链中信用证、汇票、现金在各个节点企业之间的流动。资金流的流向与物流的流向相反，由物资需求方向上游供应商流转。资金流是盘活物资供应链的关键，企业如果缺乏严密的资金使用计划，资金流就会发生严重的外溢和闲置。为了保障正常运作，企业必须确保资金的及时回收，否则无法建立完善的经营体系。

④ 物流

物流是物资的流通过程，是物资供应链中实际需求物资从原材料生产到需求端的整个过程。广义的物流包括仓储、运输、关务和相应的信息系统。在不考虑退换货的情况下，物流是单向的，它的起点是位于最上游的原材料供应商，然后逐渐向物资需求方移动。长期以来，企业理论都是围绕产品实物展开的，因此物资流程被人们广泛重视。物流的核心是高效率、低成本地使产品到达指定地点。

（4）物资供应链的职能定位

物资供应链的职能是通过科学管理物资，达到降低物资供应成本、提高企业物资管理效率、提升物资供应链韧性、完善绿色物资供应链体系的目的。

① 降低物资供应成本

降成本是企业在面对激烈的市场竞争时提升自身竞争力的重要措施。企业将物资供应链作为源头降本的工作抓手，通过加强计划管理，降低库存数量，提高资金配置合理性；通过实行集中统一采购，降低采购成本；通过科学规划仓库位置和运输路线，降低物流成本。

② 提高企业物资管理效率

物资管理效率与企业的生产效率和经营效益密切相关。企业通过物资供应链管理加强物资一体化集成管控和供需双方之间的协同作业，提高采购效率；通过实施仓库标准化改造，提高物资在流通过程中的搬运、装车、拣货与库内移动时效；通过加强业务流程标准化管理，降低物资计划、领用、结算等业务的审批回退概率，提高办理速度。

③ 提升物资供应链韧性

原材料、设备及其零配件等物资的安全供应是保障资产密集型企业生产连续性的关键。企业通过优化供应商跟踪评估机制，筛选出高质量供应商并加强合作，保证物资交付品质和时效；通过加强物资供应渠道多样性建设，降低渠道单一化的断供风险，保障物资供应安全；通过物资供应链打通企业内外部的信息流，增强外界风险洞察力，做到风险预防和快速响应。

④ 完善绿色物资供应链体系

全球环境与资源问题日益凸显，打造绿色供应链不仅是企业社会责任的体现，也是推动产业持续高质量发展的重要抓手，对于资产密集型企业转型升级、提质增效、绿色协调发展至关重要。资产密集型企业通过规范管理程序把控供应商准入、给予绿色供应商采购倾斜，加强对供应商的绿色管理；通过统筹内外部物流资源，发展多元化运输，构建绿色物流；通过加强废旧物、废弃物回收处置，实现绿色回收。

## 1.2.3  物资供应链管理的实践内容

（1）内部物资供应链管理

资产密集型企业在内部物资供应链管理中的工作焦点是为生产部门提供高质量的物资供应服务，同时兼顾成本优化。内部物资供应链管理的工作内容较为繁杂，不仅包括组织结构、运行机制、业务流程、模式等与业务相关的管理，还包括信息系统管理和运营资金管理。

第一，构建集中采购的组织结构与运行机制。组织创新是企业核心能力的构成要素，是提高企业的工作效率、管理水平和竞争能力的有效措施。传统的分散式采购极易造成重复性采购，进而造成采购资金、人力资源的浪费。随着供应链集成模式的不断发展，集中采购已经成为资产密集型企业物资采购的主要方式。资产密集型企业需要在战略目标的指引下推动各部门相互协作，厘清采购工作的组织结构，将采购管理相关事务归口到一个部门，由该部门统筹跨部门协同工作；建立相应的物资采购管理体制与运行机制，对物资供应链中的商流、信息流、物流和资金流统一设计规划和控制管理。相比传统的分散式采购，集中采购能够充分发挥规模效应，进而降低企业的物资购进价格，有效地控制物资采购的成本支出，保证采购决策的透明度与科学性。

第二，集成化的业务流程管理。分散的业务流程设置会在各部门的工作衔接上耗费人力和时间，增加大量的重复作业，影响物资供应链管理效率及响应速度。对业务流程进行统一的优化管理，可以有效避免生产过程中的各种浪费，如减少多余的库存、降低物资搬运次数、缩短物资的运输距离、减少废料的丢弃、降低退货率和返工率等，进而降低资金占用率，缩短物资供应时间并提高物资质量。实现集成化的业务流程管理需要跨部门、跨体系的协同，包括需求、设计、研发、计划、采购、库存、生产、仓储、物流、售后等基础活动，以及财务、法务、人事等支持性活动。

第三，形成差异化的物资供应链模式。差异化的本质是根据物资单位需求及物资属性，对物资供应链的运营采取不同的运作模式。不同于过去针对所有物资不加甄别地采用同一种运营模式，或者差异仅体现在某些模块，差异化的物资供应链模式是一种全新的精细化运营。构建差异化供应链，首先，需要勾勒出生产部门、采购部门等企业内部主体，以及核心供应商、物流企业等企业外部主体的清晰画像；其次，构建保障制度，确保根据市场最新需求对差异化供应链的模式变更执行到位，涉及操作协同、系统设置变更等。

第四，一体化信息系统架构管理。以往的供应链系统及企业的供应链管理更多体现在单点的需求与运营上。例如，仓储、库存、运输等各自独立。而现在的物资供应链，从需求、采购，到仓储管理、运输执行、物资消耗的一体化治理变得愈发重要。由物资管理部门牵头，联合信息支撑部门，以及财务、人力资源等职能部门研发一体化物资供应链信息系统管理架构，将整个物资供应链业务流程中涉及的信息化系统纳入管理范围，融合智能数据治理、智能仓配、智能预测、流程自动化引擎多方面智能化管理，能够为企业提供全方位数字化、智能化管理方式。

第五，全生命周期物资质量管理。质量管理是围绕物资从原材料供应到销毁的全生命周期，通过开展物资监造、质量抽检、交付验收等活动，建立物资品质监督控制、到货验收标准化流程体系，确保供应商严格履行合同条款，可以为物资交付时间和交付质量提供保障。为防范重大自然灾害或其他因素造成突发事件影响生产，物资供应链也注重应急物资的管理。质量管理需要覆盖物资采购供应的全过程，重视对事中管理与事前管理的有效结合，进而促进企业物资采购管理有效性的提升。

第六，物资运营资金管理。运营资金管理既是内部物资供应链管理的工作重点，也是企业财务管理的重要组成部分。运营资金管理不仅包括信用证、汇票、现金管理，也包括供应链金融、仓单金融等金融业务管理。物资运营资金管理需要物资供应链管理部门加强与财务部门和生产部门的沟通，方便各方及时掌握资金需求，做好资金预算，加强应收及预付的过程管控。企业的物资运营资金管理需要遵循严密的使用计划，否则资金流就会发生严重的外溢和闲置。

（2）外部物资供应链管理

企业在外部物资供应链管理中的焦点是与供应商建立良好的合作伙伴关系，工作内容包括内外协同管理、供应商管理和合作关系管理。

第一，物资供应链内外协同管理。物资供应链内外协同是指物资供应链上下游企业间共享重要信息，包括需求量、订单情况、库存情况、生产能力、销售数据等，上下游企业根据这些重要信息规划自身的生产、订单、销售、库存，避免各自为战。实现物资供应链协同管理需要依托一套完善的协同机制，要求物资供应链主导企业站在共赢的角度协调各方的关切，平衡各方的利益，并能主导过程中问题的解决。要想建立物资供应链协同机制，首先需要制定协同规则，明确各关联方的分工、责任、义务、权利；其次需要梳理物资供应链各环节的工作，明确每个环节的工作流程。

第二，统一供应商管理。企业可以针对物资供应商制定科学、合理的准入制度，结合企业自身的实际情况，对供应商物资生产全过程、物资品质、商业信誉、生产资质、财务指标等方面进行综合性评估，确定供应商在质量、服务及价格等方面符合企业要求之后，与其建立良好的合作关系。企业需要重点考察供应商的信誉，采用定性和定量的方法评估供应商的信用情况，建立供应商信用档案，及时追踪供应商信用状况。企业需要关注供应商绩效，为绩效差的供应商制定绩效提升计划或将其从供应商库中移除。

第三，战略伙伴合作关系管理。合作关系管理可以为企业建立并维护盈利性的、长期的供应关系，培养供应商对企业的忠诚度。在企业与供应商建立了长期、稳定、可靠的战略合作关系后，核心供应商可在一定程度上参与企业的内部运营，特别是在新物资产品设计阶段。而且，当产品市场发生变化并要求企业改变原有的生产模式、提供新的产品时，提前参与的供应商能够快速适应企业的变化，由此减少企业为调整生产流程而付出的成本。企业也可以根据供应商的早期参与程度对产品和流程进行改进，这将带来质量的提高、成本的降低和供货周期的缩短。

（3）物资供应链生态圈

物资供应链在完成以上内部集成和内外协同后，已经构成了一个网链化的供应链结构，可以称之为物资供应链共同体或物资供应链生态圈。物资供应链生态圈的战略核心及发展目标是占据行业的领导地位，快速适应市场变化、技术创新和管理变革。健康、良性的物资供应链生态圈可以使全链条不断地降低成本，实现资源、利益和风险共享共担；可以提高应对不确定性的能力，最终以最小的代价创造最大的价值。物资供应链生态圈可以在各主体之间达成战略协同、战术协同和执行协同。

战略协同是物资供应链各主体宏观层面的协同。它是协同的最高层次，主要从物资供应链全局角度阐明多方的总体目标和方向，同时说明物资供应链协同管理的总体策略和方法论，为强化全链条的协同能力制定行为准则，给出解决物资供应链协同过程中各类问题的解决方案。

战术协同是分析物资供应链上下游企业在进行协同时的具体策略，包括重要数据的交换、计划管理的共享、上下游的需求预测、各节点采购信息的共享、生产环节的协同、销售节点的共享等。

执行协同是供应链实现协同的主要抓手，它是"物资供应链生态圈"这个抽象概念的具体化，为战略协同和战术协同提供可实现的技术手段。执行协同是通过搭建信息共享与业务协作平台，为物资供应链中的企业提供数据实时共享与多方实时沟通的服务。通过该平台可以打破各节点的信息不对称，增加端到端的透明度和可视化程度，使各节点的决策能够建立在真实数据之上，更贴近需求方的诉求。这类平台需要物资供应链的主导企业牵头搭建，各节点的企业积极参与，同时也需要各企业内部相关部门的配合。

# 1.3　数字化转型浪潮下的智慧物资供应链

## 1.3.1　物资供应链的数字化转型动力

当前，新一轮科技革命和产业变革正在加速进行，全球制造业数字化趋势显著。资产密集型企业的物资供应链发展受到经济政治环境、行业竞争、数字经济与数字技术、基础设施等多种因素的影响，具体如图 1-8 所示。在此背景下，外部环境变化与资产密集型企业内部发展要求共同驱动物资供应链数字化转型。

图 1-8　影响物资供应链数字化发展的因素

第一，复杂经济政治环境推动产业数字化创新。国际方面，全球地缘政治摩擦频发。2017 年中美贸易摩擦首先在高科技行业爆发，随即引发了各行业对产业链的深度思考。国内政策也出现调整和变化，"十四五"期间，坚持稳中求进是发展的总基调，供应链的安全和自主可控成为构建新发展格局的基础。为规避国际政治局面的不确定性带来的风险，将供应链上下游合作伙伴从高风险国家和地区转移到低风险国家和地区；考虑到经营风险和成本，原材料本地化也越来越多地被纳入新的产业布局策略中。企业要想在复杂多变的市场中站稳脚跟，需要管理好复杂的供应链网络，积极探索供应链的数字化布局以应对风险，构建稳定的供应链关系。同时，在"双碳"的背景下，环保理念的增强正在推动社会形成对企业绿色责任的更高要求，这也促进绿色供应链理念的落地。

第二，激烈的行业竞争加速企业数字化战略革新。供应链的竞争力直接影响企业的产品质量和市场竞争力。2020 年 6 月，国务院国资委召开对标世界一流管理提升行动启动会议，印发《关于开展对标世界一流管理提升行动的通知》，推动各企业对标世界一流企业领先实践，全面提升管理能力。大型企业不断加强与上下游企业的协同和整合，完善自身供应链体系，一批整合能力强、协同效率高的供应链平台正在形成。供应链数字化战略指导企业提高供应链的竞争力，从而增强行业竞争力优势。长期以来，物资供应链中的参与者多，商流、物流、信息流和资金流十分复杂，物资供应链存在业务线上线下不同步、信息系统间衔接不畅、数据不互通等问题。因此，数字化转型成为企业管理物资供应链的主导模式，有效提高了物资供应链安全性、数据准确性和预测分析能力，与相关物资供应商、企业客户之间实现合作共赢。

第三，数字经济与数字技术发展支撑业务数字化转型。物联网、大数据、云计算、人工智能、区块链、虚拟现实等数字技术正在引领新一轮科技变革。数字技术的迅猛发展促进了数字经济快速增长。截至 2023 年 5 月，我国数字经济规模已达 50.2 万亿元,数字经济发展已经进入全面增长期,数字经济的影响范围不断从消费互联网领域扩展到制造业等实体经济领域,加速传统产业转型升级。近年来,数字化发展的不充分和先进数字化工具的缺失造成供应链信息不对称,导致上下游需求变动难以快速传递。数字技术成为物资供应链全过程、全方位、全链条数字化改造的重要抓手,从技术层面破除企业间的信息壁垒,推动业务线上线下一体化,建立物资数据全生命周期管理体系,实现企业竞争优势的提升。

第四,基础设施完善促进数字化服务升级。物流是连接供应商与需求方的实物流转方式,其时效性将对整个供应链的物资流转速度产生影响。当前,规模化的 5G 基站建设、特高压建设、城际高速铁路和城市轨道交通建设、新能源汽车充电桩建设等,给供应链的研发、生产、仓储、物流运输等环节带来了巨大的动能,为我国供应链升级提供了发展红利。基础设施的完善也将直接驱动我国的供应链数字化转型升级,推动供应链服务质量提升。

## 1.3.2  智慧物资供应链

(1)智慧物资供应链的内涵

智慧物资供应链是结合信息化管理和新兴的数字技术融合发展的物资供应链新阶段。本书将智慧物资供应链定义为在数字化转型的背景下,在网络节点中嵌入新一代信息技术,通过提升物资供需双方的数据传递效率和数据质量,实现物资供应链数据透明可视、多方高效协同、物资供应过程实时控制,助力企业降本增效,提升消费者产品和服务满意度的物资供应链新形态。

智慧物资供应链具有大数据支撑、端到端可见、全过程可控、网络化协作四大特征。大数据支撑是指通过对海量数据的分析，辅助决策、预估风险，支撑物资供应链的资源优化配置，这是智慧物资供应链与传统物资供应链最本质的区别。端到端可见是指借助智能终端、信息系统和通信网络增强物资供应链感知能力和数据传输能力，消除数据互通堵点，辅助实现物资供应过程与流程信息可追溯。全过程可控是指通过仿真和虚拟模型，帮助企业管理者提前对多种可能性进行模拟和评估，对风险提前感知并提前部署解决方案，辅助供应链全过程管控和企业智慧决策。网络化协同是指物资供应链的参与者能够借助数字技术增强信息传递效率，更好地了解物资供应链中的商流、物流、信息流和资金流信息，并根据信息动态调整业务状态、协调资源，辅助提升多主体业务协同效率。

智慧物资供应链通过多技术融合应用，创造更丰富的应用场景。近年来，企业纷纷将各类新兴技术应用于供应链管理的过程中。随着管理模式不断升级与变革，单一技术的应用已经难以独立支撑越来越复杂的业务需求。因此，多技术的融合利用成为新的发展趋势。以预测场景为例，需要融合网络数据抓取、设备信息监控、智能算法分析等多项技术。多技术的融合应用为供应链管理创新提供了更多可能。

智慧物资供应链通过强有力的数据与技术支撑，达成需求、供应与成本的平衡。实现物资供应链平衡需要在各个维度做出正确决策。对于需求来说，需要考虑需求物资、需求数量、需求时间等；对于供应来说，需要考虑供应渠道、供应时效、供应数量等；成本则更为复杂，既需要考虑采购成本、物流成本等显性成本，也需要考虑储存成本、养护成本等隐形成本。决策的制定和落地需要依赖丰富的数据和强大的数据分析工具，二者结合能够对决策影响进行模拟和预测，并评估决策对物资供应链的整体影响，制衡各个因素，最终找到最优解。

（2）智慧物资供应链框架

智慧物资供应链框架包括基础设施层、数据管理层、业务运营层和保障体系，如图1-9所示。

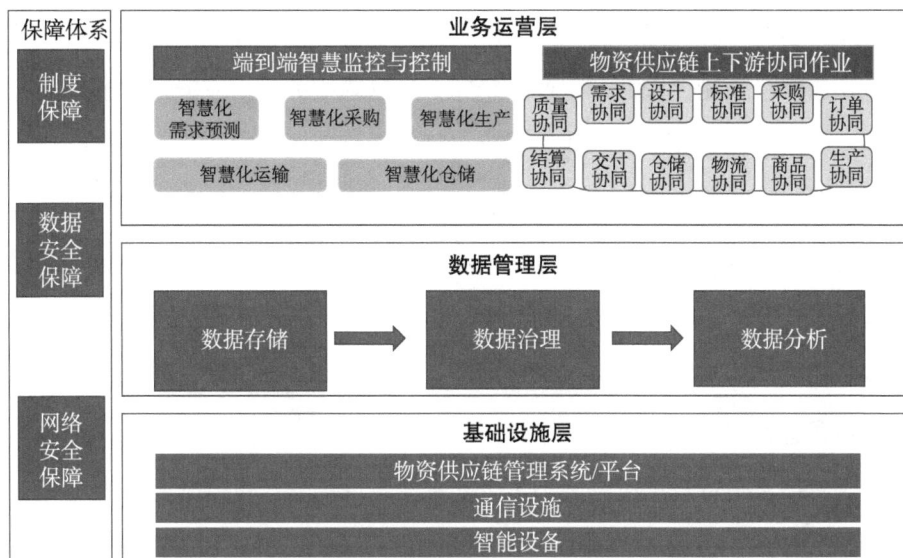

**图 1-9　智慧物资供应链框架**

基础设施层是智慧物资供应链的基础，涵盖音视频采集设备、各类传感器、可移动终端等智能设备，5G、物联网等通信设施，云计算、人工智能、区块链等构建智慧物资供应链所需的各类软硬件设施。这些基础设施能够为智慧物资供应链的数据采集、传输、分析、管理提供技术支持。

数据管理层是智慧物资供应链的核心支点，承接来自基础设施层的数据，同时又将数据应用于物资供应链业务运营。智慧物资供应链的数据管理层涉及数据存储、数据治理与数据分析。其中，数据治理是推动形成智慧物资供应链的重要引擎，通过明确业务标准规范、技术标准规范、管理标准规范，确保数据源头唯一、前后端数据统一，夯实智慧运营底座。完成数据治理后，利用数据提取、转换和加载（Extract-Transform-Load，ETL）等处理工具将基础设施层采集的数据进行抽取、清洗，借助数据分析模型辅助企业开展需求预测、优化生产流程、控制库存等工作。

业务运营层是智慧物资供应链的中枢，它将基础设施层提供的数字化能力应用于需求预测、采购、生产、仓储、运输等相关的供应链运营事务。通过打造开放平台实现采购功能集成化，可以满足不同客户的采购需求；利用大数据技术结合信息系统自动生成最优运输路线，改变运输路线的人为调度，可以使物资供应链的参与者能够通过信息平台实时查询物资的运输路径和运输状态。将仓库及其信息管理系统与大数据、云计算相结合形成"云仓"新模式，能够加强仓储信息透明度，加快物资流动速度，降低成本，实现资源智慧管控。

保障体系是智慧供应链必不可少的重要组成部分，包括制度保障、安全保障。其中，制度保障涵盖需求审批制度、采购管理制度、库存管理制度等；安全保障包括数据安全和网络安全，用于规范物资供应链数字化转型过程中的各类数字软硬件设施和数据安全。

（3）智慧物资供应链的重要价值

当前，我国经济已经进入高质量发展新阶段，智慧物资供应链通过各类信息技术和手段，实现资源整合和流程可视化，将成为新时期经济发展提质增效的有力支撑。

第一，畅通数据共享渠道，促进物资供应链协同。物资供应链协同是指两家及以上企业为了控制物资采购成本、缩短物资供应周期而采取的一种合作模式,这种模式能够提高物资供应链的响应能力,降低潜在风险。实现物资供应链协同的重要前提是数据共享。智慧物资供应链通过智能设备、通信设施、各类型管理系统和平台,加强数据采集和传输能力,使物资需求、排产计划、库存数量、运输路线、交付结算等数据能够在企业各部门及不同企业之间实时、完整、精准传递,从而提高沟通效率,推动物资供应链上下游环节、物资需求企业与供应商的高效协作。

第二,软硬件设施升级,优化资产全生命周期管理。企业资产管理是企业针对拥有的各类资产的经营和使用,进行组织、指挥、协调、监管和控制等一系列活动。在资产密集型企业中,资产管理占有十分重要的地位。智慧物资供应链通过数字化转型优化软硬件层面的设施部署,支持通过资产管理系统自动生成包括资产名称、规格型号、购入日期、使用部门、存放地点等信息的唯一实物资产身份标识码,支持采购管理系统、资产管理系统等多系统之间的数据共享,使物资供应链具备了全面监控"资产购置计划—采购入库—日常管理—处置"完整流程的能力,资产清查时可以扫码读取物资全生命周期记录。由此可见,智慧物资供应链大大减轻了物资账、实、卡不对应,历史记录不完整等问题。

第三,推动架构中台化,提升资源复用度和响应灵活性。中台是将通用化能力进行打包整合,通过模块化服务的形式赋能外部系统或业务,从而快速支撑业务发展的一种方式。目前,中台既可以作为一种新型的 IT 架构,也可以作为一种企业组织架构。企业在数字化转型的过程中将已有的采购、仓储、库存等供应链基础能力进行组装,提供给其他业务系统接入,形成"业务中台 + 数据中台"的物资供应链中台系统。其中,业务中台将通用业务进行标准化改造,最终以服务包的形式提供给物资供应链的其他业务单元;数据中台提供数据集成和分析功能。除了中台化系统,很多企业内部还存在物资供应链中台业务部门，负责将现有的物资供应链能力以业务的视角组装并提供给其他部门；通常的工作是作为一个统一出口对接各个外部业务方，并横向分析物资供应链的整体效能，从全局视角出发做流程优化，在多方之间达成高效合作。这种中台模式能够使企业在面临物资短缺危机和市场需求频繁变化时进行业务快速转型和组织灵活变阵，提升物资供应链的抗风险能力和灵活性。

第四，释放数据价值，提高管理智能化水平。智慧物资供应链在数据底座、业务流程 IT 化改造的基础上，利用统计预测、模拟仿真等技术手段搭建算法模型，利用"数据＋算法"开展仿真模拟、预案生成和决策指挥，并且将其应用到资源配置、供货履约、物流网络规划等核心场景，推动人、车、货、场、单等资源达到最优配置，大幅提高物资供应链管理的智能化水平。

（4）智慧物资供应链的发展阶段

通信网络、数据处理技术的发展推动物资供应链迈向智慧物资供应链。伴随数字技术的进一步优化升级，智慧物资供应链将继续向纵深发展。从技术层面来看，智慧物资供应链可以分为互联互通、业务自动化及自主决策与运行三个阶段，具体内容如图 1-10 所示。

互联互通是智慧物资供应链的基础阶段。在这个阶段中，信息化平台通过电子化的方式保存和传递业务信息，使物资供应链相关业务能够实现在线办理及业务之间的互联。以物联网为基础的物联感知和可视化实现了物与物之间的互联，以及物流过程的可视化、透明化。供应链金融模式的出现和推广演化出资金流转新模式，实现了信任互联。信息流、物流、资金流、商流等要素初步实现了互联互通，为进一步优化业务打下了基础。

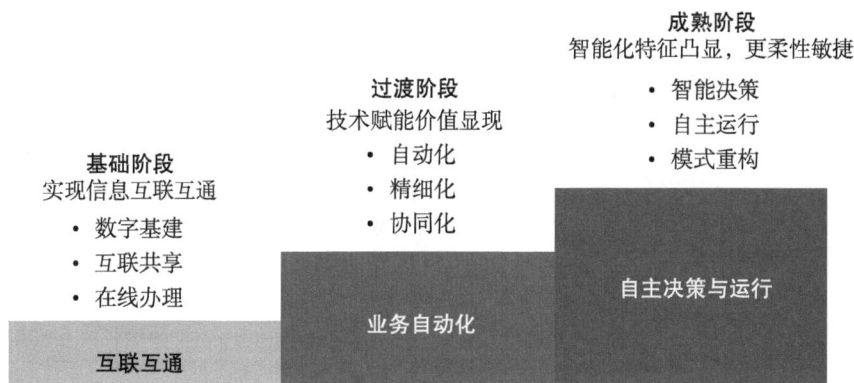

**图 1-10　智慧物资供应链发展的三个阶段**

业务自动化是智慧物资供应链的过渡阶段。在这个阶段，企业利用数字机器人等智能化设备将物资供应链环节上标准化、重复性的具体操作自动化，在互联的基础上提升业务流程的数字化、智能化水平，将人从烦琐、重复的工作中解放出来。这一阶段是进入智慧物资供应链成熟阶段的必要条件。

自主决策与运行是智慧物资供应链的成熟阶段。这个阶段是在业务自动化的基础上，利用人工智能、数字孪生等相关技术在无须人工干预的条件下实现物资供应链的自主决策、自主运营。在自主决策与运行阶段，智慧物资供应链将变得更加"聪明"，能够以秒级效率完成经营决策和风险预估。

智慧物资供应链各个阶段的关键技术如表 1-1 所示。

**表 1-1　智慧物资供应链各个阶段的关键技术**

| 阶段 | 关键技术 / 应用 | 详细内容 |
|---|---|---|
| 互联互通 | 业务线上办理平台 | 利用计算机技术、网络技术和远程通信等技术，实现物资供应链业务的电子化、数字化和网络化，将物资供应链业务场景从线下拓展到线上，实现了业务在线受理，并且加强了端到端服务，它是实现业务互联、信息互通的基础 |
| | 物联网 | 通过基于物联网的各类传感器及其相关技术实现了运输过程中货物状态的实时获取及可视化展现 |

（续表）

| 阶段 | 关键技术 / 应用 | 详细内容 |
|---|---|---|
| 业务自动化 | 自动化作业 | 依靠代替人工进行作业的智能化硬件设备，如自动导向车（Automated Guided Vehicle，AGV）、智能四向穿梭车、自主移动机器人（Autonomous Mobile Robot，AMR），实现物资供应链作业的自动化操作 |
| | 机器人流程自动化（Robotic Process Automation，RPA） | 通过模拟人在计算机上的操作，将重复性、标准化的操作自动化，从而代替人工实现重复作业，实现物资供应链业务的自动化 |
| | 超自动化 | 以最佳方式组合 RPA、人工智能（Artificial Intelligence，AI）、集成服务平台（Integration Platform as a Service，iPaaS）等前沿技术，用于实现端到端的业务超自动化。超自动化是 RPA 的进一步发展，赋能物资供应链，实现降本增效，助力物资供应链数字化转型及智能化升级 |
| 自主决策与运行 | 元宇宙仿真、数字孪生 | 可以在利用信息技术创造的、与现实世界连通的虚拟世界中，通过增强现实（Augmented Reality，AR）、虚拟现实（Virtual Reality，VR）、3D、AI 等技术进行仿真模拟等操作，从而实现运营的自主化 |
| | AI 决策支持 | 基于动态知识图谱和行业业务模型，支持复杂业务问题的自动识别、判断并进行推理，进而做出前瞻和实时决策，并能柔性应对突发情况，实现决策自主化 |

## 1.3.3　智慧物资供应链生态圈

生态圈最初是生物领域的概念，后来逐渐被商业领域引用。商业领域的生态圈是指商业活动的各利益相关者通过合作共建的一个虚拟价值平台，其具有组织多样、功能互补和互惠互利的特点。

用户需求的快速迭代、竞争加剧、行业内不同企业的分工细化等因素使企业难以独立完成价值创造，需要借助外部相关企业的力量，驱动形成物资供应链生态圈。大数据、物联网、区块链等技术的应用和普及使企业之间通过互联网实现互通的成本降低。同时，伴随平台企业的出现，更多中小微企业可以依托平台提供的服务产生连接，组织间的界限模糊，物资供应链的商业模式和运行规则发生改变，智慧物资供应链雏形初现。

智慧物资供应链生态圈是在技术层面利用网络将不同核心企业的物资供应链数字化平台进行连接，通过数据共享推动业务合作；另外，它还可以在组织层面打破行业限制，推动跨界融合，弱化核心企业的概念，强调平等、互惠。

构建智慧物资供应链生态圈需要以上下游信息互联互通为基础，以多方之间的信任为桥梁，以数据共享安全为保障。但是，构建这个生态圈的困难依然不少，例如，企业内部及企业之间的信息孤岛仍未消除，数据互联互通困难；庞大的物资供应链网络使各方之间建立信任的成本高，且难以实现信任的跨级传递；数据共享受数据隐私难保护、数据原文易暴露、数据权益难保障的制约进入瓶颈期。区块链技术能够促进数据共享、助力信任构建与传递、保护数据隐私与数据权益，为化解上述困难提供了有力手段，必将成为推动智慧物资供应链发展中的重要技术组成要素。

# 第 2 章

# 能源电力物资供应链

　　能源电力行业中的企业主要包括一次能源供应商、发电企业和电网公司，均属于资产密集型企业。能源电力行业的主要业务包含发电、输电、配电、售电。其中，发电企业和发电业务占有十分重要的地位。根据发电利用的能源不同，发电业务主要分为火力发电、水力发电、风力发电、光伏发电和核能发电五大类。此外，还有生物质发电、潮汐发电等，但它们规模较小。物资供应链为能源电力企业的项目建设、生产、维护等经营活动提供物质保障，维持企业稳定运行和持续发展。现阶段，能源电力行业正在经历数字化转型、低碳转型，其物资供应链发展也在一系列战略转型中迎来新的任务和挑战。

# 2.1 能源电力物资供应链概述

## 2.1.1 电力物资的构成

电力物资具有种类繁多、技术复杂、价值差异大、供应难度不一等特点。企业根据物资需求时期的不同，将物资分为基建物资和生产物资。基建物资与生产物资相比，具有专业性更强、时效性要求更高、库存时间更短、质量要求更严格的特点，主要包括机电设备和建筑材料。生产物资又根据物资使用属性分为发电原料、备品备件和低值易耗品。基建物资和生产物资中重叠的部分统称为通用物资。对三者的具体说明如表 2-1 所示。

表 2-1 能源电力企业的关键物资

| 物资大类 | 物资大类细分 | 物资举例 |
|---|---|---|
| 基建物资 | 机电设备 | 主机、变压器、配电系统、气体绝缘金属封闭开关设备（Gas Insulated Switchgear，GIS）等 |
| | 建筑材料 | 钢材、砂石料、混凝土等 |
| 生产物资 | 发电原料 | 煤炭、天然气、核燃料和其他发电原料 |
| | 备品备件 | 主机零部件、辅助设备的零部件 |
| | 低值易耗品 | 工器具、仪表、办公用品、劳保用品等 |
| 通用物资 | —— | 电缆、桥架、管道、阀门、油品、控制柜、化学药品等 |

## 2.1.2 能源电力物资供应链现状

目前，大部分能源电力企业成立了专门负责物资管理的物资供应链管理部门，形成了以物资供应链管理部门为主、专业生产部门为辅的管理形式。

（1）能源电力企业的物资需求计划管理

物资需求计划管理是能源电力企业物资供应链管理中的重要内容。能源电力企业的物资需求计划一般由专业生产部门进行编制，再经物资供应链管理部门审核后实施。在项目建设期，为提高基建物资计划的准确性，能源电力企业会综合考虑设计院、供应商和建设施工单位等多方意见制定物资需求计划。在生产运营期，能源电力企业的专业生产部门会依据物资属性分类向物资管理部门报送物资需求计划。低值易耗品、常用备品备件会按季度定期上报物资需求计划；对于定期上报需求不能满足的，如因临时性故障而产生的部件更换或维修需求，需要按月上报。

受能源电力物资种类多、专业性强的影响，物资管理工作涉及的专业范围广、工作量大、难度高。为提高工作效率，很多企业已经部署信息化系统支持物资需求计划管理工作，达到了规范物资需求计划报送与审批流程、提高审批效率的目的。

（2）能源电力企业的物资采购供应管理

电力项目在建设期的物资采购金额大，企业主要依据集采目录采用招标采购的模式进行物资采买。对于国家规定的特殊物资，企业会采取单一来源或竞争性谈判。生产物资的采购方式较为多样，涵盖框架协议、竞争性谈判、单一来源、超市化采购和零星采购。其中，框架协议采购占比最高，这是电力企业加强集中采购、整合供应链资源的结果。受制于基建期发电机组设备选型、设备技术参数等条件的限制，发电主机的核心配件只能向主机供应商采购。

（3）能源电力企业的物资物流仓储管理

电力企业在电力物资物流配送方面已经初步形成覆盖基层单位、区域分公司和集团总部的多级仓配网络体系，通过运输管理系统生成派车单，指派承运商、司机、车辆，满足不同类型、不同地域物资需求单位的运输和仓储需求。

电力企业会依据物资的重要程度、采购周期、使用频率、供应确定性及其价值等多方面因素，制定不同的物资储备策略。针对采购周期长、对机组可用率影响大、价值高的物资（主要为与安全相关的大型设备），企业会制定战略物资储备需求清单，实施战略储备。针对发电机组的专用设备，企业会实行跨电厂、跨供应商的物资联合储备。针对常用的备品备件，企业会实施定额管理。针对标准化程度高、市场价格稳定的耗材类物资，企业会实施供应商联储。针对使用频率高、数量变化大的劳保用品、施工仪表和工器具等低值易耗品，企业会实施超市化采购。

在仓库安全管理方面，电气元件、高腐蚀性物质、易燃易爆品及贵重物资对仓储条件有特殊需求，需要进行特殊存放，如表 2-2 所示。此外，仓库安全管理还要做好防汛、防水、防鼠等工作。库内要设置安全监控，在危险化学品仓库中需按照国家规定的标识进行标注，对注意事项和遭遇危险情况的处置措施进行说明。

表 2-2　需要特殊存放的电力物资

| 类别 | 仓储注意事项 |
| --- | --- |
| 电气元件 | 对仓储的温湿度有要求，存放于恒温库中 |
| 高腐蚀性物质（强酸、强碱等） | 存放于相应的存储罐内 |
| 易燃易爆品（如油漆） | 独立存储，仓库需具备高标准的消防条件 |
| 贵重物资、涉毒物资（如银焊条） | 存放于保险柜内 |

（4）能源电力企业的废旧处置管理

电力企业的废旧物资种类繁杂，主要来源于三个方面，分别是基建期结束后产生的建筑废物，机组更新改造、检修更换下来的金属材料和零件，以及日常维修维护换下来的设备备件。目前，电力企业对废旧物资的处置秉持先评估、后处理的原则，对外处置方式主要分为竞价出售和危险废物付费处置。电力企业的废旧物资分类如表2-3所示。

表 2-3　电力企业的废旧物资分类

| 类型 | 举例 |
| --- | --- |
| 回收价值高 | 退役发电机、变压器、钢丝绳等 |
| 回收价值低 | 电气保护系统、绝缘部件等 |
| 危险废物 | 废弃铅酸蓄电池、矿物油、胶水等 |
| 涉密物资 | 存储硬盘、计算机等 |

## 2.2　能源电力不同专业物资供应链

### 2.2.1　火电物资供应链现状

（1）火力发电概况

火力发电是通过发电动力装置将可燃物燃烧时产生的热能转换为电能的一种发电方式。火力发电包括燃煤发电、燃气发电、燃油发电等多种形式，我国的火电绝大部分是燃煤发电（即煤电）。火力发电具有基建周期长、选址相对灵活、后期运行成本高、发电运行平稳的特点。火电站的设计使用寿命通常为 30 ～ 40 年。目前通过技术改造、加强监测分析等手段，火电机组的实际运行时间可以达到 50 年甚至更长。

最早的火力发电是在巴黎火车站的火电厂实现的。随着电力系统的出现和工业生产电气化，社会对电能的需求增长。20 世纪 30 年代以后，火力发电步入大发展时期。20 世纪 50 年代中期，火力发电机组的容量已经由 200 兆瓦提高到 300 ～ 600 兆瓦。1973 年，世界上最大的火电机组达 1300 兆瓦。大机组使火力发电的热效率大幅提高，每千瓦的建设投资成本和发电成本也不断降低。20 世纪 80 年代后期，世界上最大的火电机组容量已经达到 4400 兆瓦。但是，机组过大又带来可靠性、可用率的降低。目前，主流的火力发电单机容量稳定在 600 ～ 800 兆瓦。

我国火力发电发端于 1882 年在上海建成的装有 12 千瓦直流发电机的火电厂。改革开放以来，我国火电的发展走出了一条引进、消化吸收、再创新的道路。现阶段，我国火力发电装机总容量和发电总量位居世界第一，我国火力发电技术自主创新能力和装备国产化水平显著提高。目前，我国拥有全世界最大的火电厂和全球领先的超超临界发电机组[①]。

2022 年，我国火力发电总量为 5.89 万亿千瓦时，占全国发电总量的 66%。到 2022 年底，我国火力发电装机容量 13.324 亿千瓦，占各类型发电装机总容量的 52%。从火电装机总容量和火力发电量占比这两组数据可以发

---

① 临界是指物质的某一种状态或物理量转变为另一种状态或物理量的最低转化条件。煤电生产领域，在 22.115 兆帕压力、374.15 摄氏度的条件下，水蒸气被压缩后的密度与液态水的密度相等，这个条件叫水的临界参数，高于这个参数就叫作超临界参数。在超临界参数以上，且水蒸气的温度不低于 600 摄氏度，称为超超临界。能产生这样的水蒸气去推动汽轮机组发电的发电机组，称为超超临界发电机组。

现，火电仍是我国电力供应的支柱。未来，为适应国家"双碳"目标及电力行业长远发展，火力发电组节能改造将成为发展趋势，火力发电将主要承担系统调峰、调频、调压和备用功能，发挥"托底保供"的作用。

（2）火电物资的构成

火电基建期涉及的物资品类多，可达上万种，数量大且金额高，占火电站建设总造价的 70% 以上。火电基建物资主要为设备物资和建筑工程物资。设备物资包括锅炉、汽轮机、发电机、磨煤机、电除尘器等；建筑工程物资包括电缆、电缆桥架、阀门、管道、管件等，以及钢材、混凝土等建筑材料。

火电生产物资可根据用途、用量和采购金额的差异，分为燃料物资和非燃料物资两大类。发电企业通常会将燃料和非燃料物资分开管理，设置专业的燃料公司负责燃料的采购、运输，非燃料物资由企业物资供应链管理部门进行统一管理。燃料作为火力发电的原材料具有用量大、采购金额高的特点。本书讲述的燃料类物资主要指煤炭，火力发电企业的物资采购成本超过70% 都集中在燃煤的采购。非燃料类物资主要为备品备件、大宗化学药品（如液氨、石灰石、尿素）、电缆等通用类物品和工器具等低值易耗品。

（3）火电物资供应链概况

火力发电的起步最早、规模最大。经过长时间的发展，火电企业在物资供应链管理方面已经较为成熟。

火电企业会依据发电生产任务指标、火电机组检修计划指标、历史物资消耗记录、场内库存编制物资需求计划，使经济指标与发电计划相平衡。目前，为了规范管理、提高需求计划的准确性、明确需求计划对采购的指导意义，多数火力发电企业会在年末依据年度物资消耗量、年度发电指标、年度机组检修计划指标编制下一年度的物资需求计划表，交由企业物资分管部门进行审批，审批后的需求计划表作为下一年的采购依据。

火电基建物资采购金额高，主要采取招标采购。火力发电主机及辅助配套设备由项目单位进行采购，汽轮机、发电机和锅炉等主机设备的采购需要严格参照设计院的相关技术规范，建筑类的基建材料、管件等由施工分包单位进行采购。火电生产中通用性强、用量大的物资，如电缆、煤炭等，会采用框架协议采购的模式提高采购效率，提高火电物资供应的稳定性。

火电企业的库存主要包括燃料、原材料和备品备件。由于火电机组的启停成本高，因此，火电厂对生产的连续性要求高，需要长期进行物资储备。火电厂会基于成本和效益最优确定安全库存，作为企业库存的下限。

## 2.2.2　水电物资供应链现状

（1）水力发电概况

与需要化石燃料作为原材料的火力发电不同，水力发电属于可再生的清洁能源。水力发电是利用建筑物集中天然水流落差，推动水轮机运转，水轮机带动发电机发电。为了高效利用水能，需要人工修筑能集中水流落差和调节流量的建筑物，如拦水大坝、导流洞室、控制系统等。按照集中落差的方式，水电厂可分为堤坝式水电厂、引水式水电厂、混合式水电厂、潮汐水电厂和抽水蓄能电厂。水力发电具有前期投资大、建设周期长、建成后运行维护成本较低、发电量受自然条件影响大等特点。大型水电站的设计使用寿命在百年以上，中小型水电站的设计使用寿命为 50 年。

世界上最早的水电站于 1878 年在法国建成，当时的水电站容量都非常小。直到 1889 年，世界上最大的水电站装机容量也只有 48 千瓦。20 世纪初，水电技术得到迅速发展。到 20 世纪上半叶，世界上最大的水力发电厂已经具备超 1900 兆瓦的装机容量。20 世纪 60 年代至 80 年代，大型水电的开发项目主要集中在加拿大、苏联和拉丁美洲。

我国开启水力发电的标志是 1905 年在我国台北附近的新店溪建成装机容量为 500 千瓦的水力发电站。1949 年以后，我国对存量水电站进行加固、改扩建工作，开发了一批中小型水电站，形成的中小型水电站以工期短、投资少的优点满足了地方发展的需求。改革开放之后，我国水力发电事业进入快速发展期。经过多年的发展，我国水电开发形成了"流域、梯级、滚动、综合"的开发模式。目前，我国已经形成十三大水电基地，如表 2-4 所示，成为世界水电领域的"领头羊"。

表 2-4　我国十三大水电基地

| 流经片区 | 水电基地 |
| --- | --- |
| 长江流域片 | 金沙江水电基地 |
| | 雅砻江水电基地 |
| | 大渡河水电基地 |
| | 长江上游水电基地 |
| | 乌江水电基地 |
| | 湘西水电基地 |
| 黄河流域片 | 黄河上游水电基地 |
| | 黄河中游水电基地 |
| 珠江流域片 | 南盘江、红水河水电基地 |
| 松辽河流域片 | 东北水电基地 |
| 东南诸河片 | 闽、浙、赣水电基地 |
| 西南诸河片 | 澜沧江干流水电基地 |
| | 怒江水电基地 |

2022 年，我国水力发电总量达到 1.35 万亿千瓦时，约占全国发电总量的 15%。截至 2022 年底，全国累计水力发电装机容量达到 4.135 亿千瓦，约占全国累计发电装机容量的 16.13%。水力发电具有启停快、运行灵活的特点，水力发电与波动性大、随机性强的风力发电具有很强的互补性。未来，大型水力发电将成为新能源发电的"稳定器"。

（2）水力发电物资的构成

水电基建物资主要包含建筑材料和机电设备两大类。其中，建筑材料包括金属材料（建筑钢材、型材、板材）、矿物质材料（砂石料、水泥、粉煤灰等）、有机质材料（木材、高分子材料等）以及复合材料（钢纤维、树脂、砂浆等）；机电设备主要包括水轮机、水轮发电机、水轮调速器、减速器、油压装置、变压器、配电系统、GIS、桥架、空冷器等装备，以及阀门、拦污栅、启闭设备等机械装置。我国的水电设备制造行业具有技术和市场集中度高的特点，我国的超大型水轮机制造技术主要掌握在东方电气、哈尔滨电机厂等少数企业手中。

水电生产物资主要包含机组检修的备品备件、更新改造所需配件和材料、低值易耗品（办公品、劳保品）等。

（3）水电物资供应链的特点

水电厂主要位于山区，地处偏远，物资供应周期相对较长。同时，水力发电具有明显的季节性特征。因此，水电物资供应链有其自身的独特性。

第一，水电物资供应链需求计划的前瞻性较高，并且呈现明显的周期性。受制于地理条件，水电企业在制定物资需求计划时需要综合考虑长途运输、定货周期和制作周期的要求，水电物资中的事故性、轮换性备品备件通常要提前半年提出计划。水力发电分枯水期和丰水期，水电企业会在丰水期集中力量组织生产，在枯水期进行设备的检修。因此，水电物资的需求会相对比较集中，通常会在检修期开始前 2 ～ 3 个月呈现增长态势。

第二，水电物资运输条件较差、成本高。水电厂所处地区的道路条件不佳，物资很难直接运抵基层电厂，需要工作人员定期到附近的县城自提，人力成本较高，配送时效难以保障。为解决基层水电厂送货难的问题，水力发电企业正在探索一种结合自身物流能力与社会物流能力的"企配中心"模式（即在地理位置相对便利且尽量靠近电厂所在地的位置设立仓库，供应商将货物运输至"企配中心"，之后由"企配中心"定期将物资配送到各水电厂仓库）。

第三，水电物资仓储重视联储联备和物资代管。由于水电厂所处河流湖泊的水头、流速、流量千差万别，造成水电机组类型、容量型式较多，并且水轮发电机组和水电设备的生产厂家数量相对火电企业少，因此在备品备件的保障方面难度更大。水电企业为保障备品备件的充足供应，一方面与同类型发电厂组成设备物资储备协作组，实施联合储备，调整相关设备和备品备件的储备定额；另一方面与设备制造商联手建立异地物资储备，对于一些价值较高、不宜储存保养的高压断路器事故轮换备件、精密仪器设备建立代保管业务，签订代储承诺书。

第四，水电物资的废旧物资处置已形成规范化交易流程。水电废旧物资回收市场已经较为成熟，处置模式以公开竞拍为主。我国的北京产权交易所、上海联合产权交易所都可提供水电废旧物资公开竞拍服务。水电废旧物资回收已经形成一套健全的规范化交易流程，废旧物资回收的溢价率较高。

## 2.2.3 风电物资供应链现状

（1）风力发电概况

风力发电是利用风力带动风车叶片转动，叶片通过主轴带动齿轮箱转动，再通过增速机将转动的速度提升，带动发电机转动，实现风能—机械能—电能的转化。风电属于典型的清洁能源，风力发电分为陆上风力发电和海上风力发电。风力发电具有基建周期短、装机容量灵活、运行和维护成本低、发电具有强烈的波动性和随机性等显著特点。风电机组的设计使用寿命在 20 年左右。

1888 年，美国人查尔斯·布鲁斯（Charles Brush）基于农场风力机的概念，自建了一台风力发电机，被认为是第一台自动运行的风力发电机。20 世纪 30 年代，丹麦、瑞典、苏联、美国等国家应用航空工业的旋翼技术成功研制出一些小型风力发电装置，形成早期风力发电雏形。大规模风电场占用土地资源多。20 世纪末，丹麦、瑞典等风电大国纷纷将目光转向平均风速更高、风力资源更丰富的海上发电。自 1990 年瑞典率先安装了世界上首台海上风电机组后，风电开始大踏步向海洋迈进。

我国风电从 20 世纪 80 年代中期开始发展。1986 年建于山东荣成的第一个风电场投产，标志着我国风电场进入实际运营。1996 年，我国实施"乘风"计划，先后在新疆、内蒙古等地建设 19 个风电场。2005 年，《中华人民共和国可再生能源法》的颁布推动我国风电发展步入快速发展阶段。现阶段，风电已经成为继火电、水电之后的第三大电力能源。

2022 年，我国风力发电总量达到 0.76 万亿千瓦时，约占全国发电总量的 9%。截至 2022 年底，我国风力发电装机容量已达到 3.7 亿千瓦，占全国累计发电装机容量的 14.45%。未来，伴随风电行业进入成熟期，以及储能新技术的出现，风电的竞争力将进一步增强，在电力运行中将发挥顶峰、调峰、调频、爬坡等多种作用，成为新型电力系统的重要组成部分。

（2）风电物资的构成

风电站的基建期投入成本高，基建物资成本占总造价的 75% 左右，包括主机、风电轴承、叶片、塔筒、塔架、电缆、风电变流器、变压器、GIS 等约上百种设备物资。

生产期物资主要是用于保养和维护风力发电机组的备品备件，包括风电机叶片、发电机、齿轮箱、回转体等事故备件，以及润滑油脂等消耗性备品。风电主机由多个系统组成，每个系统内都有多个需要定期保养与更换的零部件。因此，生产期物资品类多达上万种。

（3）风电物资供应链的特点

风电物资产业链和供应链经过多年的发展已经基本成熟，但风电作为新能源项目受政策影响大，且风电机组的形态具有特异性。因此，其物资供应链具有以下特点。

第一，部分风电物资因外界因素影响会出现交付困难。比较典型的是受政策影响出现的陆上风电和海上风电的抢装，抢装期会出现阶段性的物资供不应求。受政治、经济等外部因素影响导致的贸易受阻使巴沙木、钢材等基础材料的市场价格波动较大，原材料上涨期会出现短期的物资交付延迟。

第二，风电物资形态的特殊性使运输复杂度和运输成本较高。风电场需要建设在开阔地带，地理位置相对偏远，在运输过程中涉及道路铺设、跨省运输证申请等事项。风机叶片、机舱、轮毂及塔筒等风力发电机组主要部件都属于公路运输中超高、超宽、超长的超限物件，需要特种车辆进行运输，综合成本相对较高。

第三，风电废旧物处置仍处于发展完善阶段。目前，我国缺乏针对风电机组及其配套设施的相关回收标准和技术规范要求，我国具备风电废旧物资回收处置专业能力的企业较少。

## 2.2.4 光伏发电物资供应链现状

（1）光伏发电概况

光伏发电是利用半导体界面的光生伏特效应将光能直接转变为电能的一种技术。光伏发电系统的能量来源于太阳能。因此，光伏发电产生的电能是一种清洁、安全的可再生电力能源。按照电力输送方式的差异，光伏发电分为独立光伏发电、并网光伏发电和分布式光伏发电。光伏发电具有基建期短、维护成本低、不产生噪声、发电无污染排放、选址不受资源分布地域的限制、占地面积大、受气候影响发电不稳定等显著特点。目前，光伏电站的寿命在 25 ～ 30 年。依据现有技术，运维得当的电站的使用寿命可以超过40 年。

1954 年，美国科学家恰宾（D. M. Chapin）和皮尔松（G. L. Pearson）在美国贝尔实验室首次制成了实用的单晶硅太阳电池，诞生了将太阳光能转换为电能的实用光伏发电技术。1958 年，光伏发电首次在人造卫星上得以应用。随后在 1960 年，光伏发电首次实现并网运行。20 世纪 70 年代的第一次石油危机促使发达国家增加了对包括太阳能在内的可再生能源的政策支持和资金投入，世界范围的光伏发电进入快速发展期。

我国的光伏发电起步于 20 世纪 70 年代。1975 年，宁波、开封先后成立光伏电池厂，为光伏发电的发展奠定了基础。1983 年，我国建设了最早的光伏电站，位于甘肃能源研究所。我国光伏发电在 20 世纪 90 年代中期进入稳步发展期。2004 年，深圳市国际园林花卉博览园 1 兆瓦并网光伏电站建成发电。这是我国首座大型的兆瓦级并网光伏电站，也是当时亚洲最大的并网太阳能光伏电站。目前，我国最大的光伏发电基地是青海塔拉滩光伏电站，面积为 609 平方公里。

2022 年全年，我国光伏发电总量达 0.43 万亿千瓦时，约占我国发电总量的 5%。截至 2022 年底，我国累计光伏发电装机容量达 3.9 亿千瓦，占全国发电装机容量的 15.22%。未来，光伏发电或将成为最大的绿电来源。

（2）光伏发电物资的构成

光伏电站所需物资主要集中在基建期，这一时期的投资约占全部投资的 95%。光伏电站的基建物资主要包括光伏组件、光伏玻璃、光伏支架、电池片、逆变器与数据采集器、箱变、电缆、升压站变配电设备与主变压器、动态无功补偿发生装置（Static Var Generator，SVG）、GIS、预制舱。

相比其他发电专业，光伏发电项目在生产期的物资需求相对较低，维护期物资主要为部分电气设备的断路器、电容等备品备件。

（3）光伏物资供应链的特点

光伏发电的物资需求主要集中在基建期，物资供应链呈现出以下特点。

第一，基建期对物资采购时效性和采购准确率有较高的要求。光伏电站的基建难度相对较低，建设周期往往只需 6 ~ 12 个月，基建物资供应的及时与否直接关系项目能否顺利开展。光伏发电项目建设期间的物资实施一次性采购，采购周期通常为 2 ~ 3 个月。基建期物资采购主要为集中招标，部分设备可以在框架协议范围内采取竞争性谈判方式。为进一步提高采购效率，光伏发电企业正大力推动光伏发电物资线上化采购。

第二，光伏发电企业的物资库存管理压力相对较小。物资的仓储需求主要集中在基建期，为避免二次或多次倒运，需要根据具体的光伏发电项目建设区域的物资需求量选取科学的存放地点，对物资进行分类存放。进入生产期后，光伏发电所需的物资品类和数量较少。因此，光伏发电企业在仓储方面无须像水电、火电一样设置备品备件的定额管理，是最接近实现零库存管理的发电专业。

第三，光伏发电的废旧物资面临较严峻的回收处置挑战。虽然光伏电站在运行期间不产生废旧物资，但当服役期满后需要对组件进行报废处置。目前，我国光伏领域的技术研发多集中于提高电池组件的转化效率层面，参与报废光伏回收的企业仍较少。由于光伏电站建设在屋顶、水塘、沙漠、滩涂等地，相关组件的拆解、搬运和集中处置都将面临严峻的挑战。

## 2.2.5 核电物资供应链现状

（1）核电发展概述

核能发电是利用铀燃料进行核裂变发生的连锁反应产生的热量将水加热成高温高压的气体，推动汽轮机带动发电机发电。核电与火电具有一定的相似性，区别在于核能发电是利用核反应堆及蒸汽发生器代替火力发电的锅炉，以核裂变产生的能量代替矿物燃烧产生的能量。核电项目具有基建周期长、前期投资费用高、后期维护成本较高、发电效率高、发电稳定、发电产生的废料具有放射性、核电站退役后处理周期长等显著特点。出于安全考虑，核电站的设计使用寿命一般为 30 ~ 40 年。到目前为止，世界上使用时间最长的英国奥德伯里核电站的寿命为 44 年。

核电的历史可以追溯到 20 世纪 50 年代。1954 年，苏联建成了世界上第一座商用核电站（奥布灵斯克核电站），开启了核能应用于能源领域的先行示范。1957 年，美国建成世界上第一家民用核电厂。这两个事件验证了核电技术的可行性。20 世纪 70 年代，石油涨价引发的能源危机促进了核电的发展。目前世界上商业运行的 400 多组核电机组大部分都是建成于这个时期。

我国的核电起始于 20 世纪 70 年代上海核工程研究设计院的正式组建。1983 年，国家科委牵头召开核电技术政策论证会，与会 40 个单位约 150 名专家议定了《核能发展技术政策要点》，确定了发展压水堆核电的技术路线，锚定了我国核电发展的基本方向。1985 年，我国第一座自主设计和建造的秦山核电站开工建设。该电站于 1991 年成功并网发电，结束了我国无核电的历史。我国快速发展的经济对能源电力的需求不断攀升。2006 年，《核电中长期发展规划（2005—2020 年）》发布，并明确指出"积极推进核电建设"，确立了核电在我国经济与能源可持续发展中的战略地位，我国核电发展进入快速发展期。2011 年，日本福岛核电站的核泄漏事件为核电发展敲响了警钟。我国对所有在营、在建的核电项目开展全面的隐患排查，制定更严格的安全标准。2021 年的《政府工作报告》正式提出"在确保安全的前提下积极有序发展核电"，我国核电进入安全、高效发展的新阶段。

2022 年，我国规模以上核能发电总量达到 0.42 万亿千瓦时，约占我国发电总量的 5%。截至 2022 年底，全国运行核电装机容量 0.56 亿千瓦，占全国发电装机容量的 2.2%。核电的发电成本低于燃煤发电，在发电利用率和使用寿命上较风电、光伏发电具有优势。未来，核电在新型电力系统中将发挥稳定器的作用。

（2）核电物资的构成

核电站建设、生产运营所需的物资品类与火电相比更加繁多。核电站基建期物资总额占总造价的 50% 以上。基建期的设备物资主要包括核岛设备、常规岛设备和辅助设备，这三种设备在核电站的造价中占到的比例约为5：3：2。其中，核岛设备主要包括反应堆堆芯、反应堆压力壳、堆内构件、控制棒驱动机构、蒸汽发生器、主泵、主管道、安注箱、硼注箱和稳压器等；常规岛设备主要包括汽轮机、发电机、除氧器、凝汽器、汽水分离再热器、高低压加热器、主给水泵、燃料转运装置、凝结水泵、主变压器和循环水泵等；辅助设备主要包括用于化学制水、制氧、压缩空气的系统和设备。我国核电设备的国产化率较高，呈现出以国有企业为主导、民营企业部分参与的市场格局。

此外，基建物资还包括钢材、混凝土、防辐射材料等建筑材料。生产物资主要包括核燃料、备品备件和油脂、氨水等使用量较大且有规律的耗材。

（3）核电物资供应链的特点

核电项目建设、生产维护的复杂性和安全性要求高，这些因素使核电物资供应链呈现出以下特点。

第一，核电基建物资采购周期长，技术要求最严苛。核电站建设期间的主要设备（汽轮机、稳压器、反应堆压力容器和控制棒驱动装置等）的平均制造周期大于 3 年。构成核电站的一些关键部分如蒸汽发生器、压力容器、主回路管道、稳压器等重要设备从投产到退役期间不能更换。因此，核电物资制造工艺和质量检测都要经过严格且规范的监造与质检流程。

第二，核电物资运输要求严格。核电设备大多是超重、超长、超宽、超高的大件货物，又因价值昂贵，属于贵重货物。核燃料属于放射性物质。因此，核电物资供应链中涉及的物资几乎覆盖了特种货物中大件、贵重物品与危险物品三个货物类别，在运输中需要采取多重特殊运输保护措施。

第三，核电废物处置的复杂度在发电专业中最高。核电与其他发电方式最大的不同在于核电生产会产生具有放射性物质的废弃物，核废物处理的原则是做到尽量回收，将排放量降至最低。核电站设有废弃物处理系统，产生的气体和液体废物会经历过滤、净化、贮藏、衰变及稀释等过程，等待其放射性降至极低水平并满足允许值的情况下对外排放。根据受到辐射污染程度的不同，固体废物可分为低、中、高三个放射级别进行分级处置，如表2-5所示。

表 2-5　核电厂固体废弃物的处置方式

| 辐射等级 | 物资范围 | 处置方式 |
|---|---|---|
| 低 | 受到轻微辐射的日常用品，包括纸张、手套、塑胶容器、罩衣等 | 压缩并装入金属罐内加以密封 |
| 中 | 在废气及废液处理过程中收集的带有辐射的树脂和化学沉淀物、过滤器等 | 与沙和水泥混合，凝固后存储在混凝土罐中并暂时存放于核电站，最后送往地下浅层废物库或地面废弃物库贮藏 |
| 高 | 换料检修期间自反应堆取出的已消耗的燃料组件（即乏燃料），包含具有高度辐射性的裂变产物和有长衰变期的放射性核素 | "乏燃料"会放在燃料厂房内水池中贮存约10年，进行冷却排除余热，待其放射性减退，再进行处理或将其埋藏于地下深层的高放射性废物贮存库内 |

## 2.2.6　其他

在电力系统，发电企业负责电力的生产，供电企业进行输电、变电和配电，是连接电力生产与电力消费的纽带，在能源电力行业中处于枢纽地位。

供电企业的物资同发电企业的物资一样，都具有专业性强、品种和规格型号繁杂的特点。供电企业一般会按照企业各部门提出的采购需求，结合库存物资情况，进行采购计划的编制。为了保障供电企业项目建设、生产的物资供应，保证电力系统的设备质量，控制生产成本，供电企业普遍采用物资集中采购的管理模式。为提高物资供应链的运作效率，供电企业开展了仓库网点统一规划，按照仓库规模、服务辐射范围对各地仓库进行重新规划部署。供电企业采用统一管理、集中处置的原则处理废旧物资，建立常态化的废旧物资跟踪机制，实现了资源利用最大化。

## 2.3　能源电力物资供应链的新任务

### 2.3.1　发电物资管理难度加大，需升级物资管理专业水准

生产技术革新、电力结构调整、设备升级使能源电力企业的物资种类增多，对物资供应链管理的精细度和全面性提出了更严格的要求。

第一，多种发电物资并存，需要提升管理精细度。大力发展新能源发电，降低化石能源发电占比，已成为必然趋势。国际能源机构的预测数据显示，新能源发电量占比将在未来 10 年内持续上升。我国大型发电企业积极布局水力发电、风电、光伏发电，大力发展综合能源业务，电力物资品类和数量不断增加。各类电力物资具有不同的特性，在需求频次、采办周期、运输需求、周转节奏、安全库位等方面千差万别。发电企业为实现全量物资统筹管理的目标，需要根据物资的特性制定不同的管理要求，施行不同的管理模式。

第二，多元化的物资身份转换，需要开展物资全生命周期追溯。电力企业在生产经营过程中会进行发电、输电设备的检修与技术改造，伴随配件更换和维修再使用，使物资被领用出库成为设备组件。当阶段性使用结束后，

设备组件可能会再一次入库成为物资。因此，为了清晰掌握物资流向，实现物资供应全过程透明化管理，电力企业需要借助信息化手段自动生成物资入库、领用、借、还、转存、维修、报废、清理、归还、盘点、折旧等重要节点变更信息，推动物资账实匹配，避免资产流失和台账混乱。

## 2.3.2 企业推行集约发展路径，需更关注物资供应链运营成本

为了进一步增强竞争力，能源电力企业由粗放式管理转向集约化管理。降低成本是集约化管理的重要内容，管理模式转变给能源电力企业的物资周转率和资产管理提出了更高的要求。

第一，企业面临成本管控压力，需要提高物资周转效率。能源电力企业为响应国家"双碳"政策，积极开展新能源发电项目建设。新能源发电项目普遍存在一次性资金投入大、运行和投资回收周期长、投资回报率较低的特点。受国际国内能源供需形式变化、气候变化异常等多重因素的影响，发电原料和设备原材料价格上涨。能源电力企业一边面临着新项目建设的巨额投资需求，一边面对生产成本上升带来的压力。能源电力物资供应链应通过实施"建管分离""物资全周期监控"，打造"物资供应链控制塔"等方式强化运营分析、物资调配，降低平均库存，加快物资周转，通过优化资源配置降低成本。

第二，企业重视资产管理效益，需要加强高价值资产的全生命周期跟踪。能源电力企业通过加强物资供应链信息化建设，资产专业管理水平得到大幅提升，但仍可能存在"实物管控有盲区、问题根源定位难"的困扰。为进一步增强物资管理水平，能源电力企业需要针对高价值物资，完整、准

确、全面形成时间上连续的完整的高价值物资履历表，形成高价值资产的全生命周期追踪溯源管理。同时，建立完善的、与固定资产相对应的实物台账，实现账实相符，为减少闲置、盘活资产打下基础，帮助企业降低物资管理成本。

### 2.3.3 突发风险冲击供应安全，亟须提高物资供应链韧性

国际经贸规则和安全秩序快速重构，能源电力物资供应链在贸易冲突、国际公共卫生事件等外部因素影响下显露出脆弱性，塑造风险识别与应对能力至关重要。

第一，外部冲击频发，需要提高风险识别能力。地缘政治摩擦、贸易摩擦等"黑天鹅"事件层出不穷，供应链交付中断的风险隐患在提升。能源电力企业的供应商数量众多，除了一级供应商与部分规模稍大的二级供应商之外，对其他供应商的认识较为模糊，但其他供应商遭遇的异常会在短时间内传递给下游企业。因此，能源电力企业的物资供应链管理部门需要借助技术设备、工具和先进管理手段，构建物资供应"大网络"，有效拉通上游多级供应商信息，同时建立风险评估机制，扩大物资供应链内外部的风险监控能力。

第二，守牢连续生产底线，需要提高风险应对能力。能源电力企业中生产的连续性是企业经营的重中之重，对物资供应链的安全、稳定、可控要求较高。全球产业链供应链震荡会波及芯片、石油、铜、锂、铁矿石等能源电力物资供应链重要上游材料的供应和运输，对新能源设备、电力输变电设备、智能测控设备的供应产生负面影响。能源电力物资供应链管理

部门亟须提升化解风险的能力，一方面要加强关键材料和进口物资的储备、建立多元化供给渠道；另一方面要积极构建供应链信息共享平台，探索科学合理的闲置／呆滞物资交易机制，使关键材料和物资在行业范围内得到优化配置。

### 2.3.4 "双碳"战略持续推进，推动绿色物资供应链纵深发展

在"双碳"目标的指引下，作为传统重工业领域的能源电力企业既是我国碳排放大户，也是降碳的重点户。能源电力企业既要积极推动能源结构绿色转型，也要推动物资供应链绿色低碳化发展。

第一，推动物资供应链上下游协同降碳，开展"碳足迹"追溯。能源电力物资供应链从原材料的获取、处理、产品制造、物流仓储、使用到产品报废处理的全过程都伴随碳排放。构建绿色物资供应链不能单凭发电企业、供电企业或供应商任何一方的"孤军奋战"，必须通过跨行业、跨领域、覆盖全产业链和产品全生命周期的高效协同来实现。为了实现物资供应链上下游降碳，能源电力企业需要注重自身生产环节及物资供应链碳排放源的跟踪和监控，开展生产环节、相关业务环节及物资供应链碳排放的核算核查，从而有针对性地挖掘降碳空间，为实施绿色采购、发展低碳物流、优化仓库能耗提供依据。

第二，提升绿色物资供应链管理质量，需要开展绿色回收。全面的绿色物资供应链管理不仅涵盖绿色生产、绿色运输，还包括绿色回收。能源电力企业的绿色回收主要面向生产经营中产生的废旧物资。现阶段，废旧物资还面临处置不及时、丢失的问题。因此，能源电力物资供应链需要将物资回

收管理向前延伸，通过电子标签、条码等技术手段提前跟踪可回收物资的流向，通过全周期监控进行回收预判。

### 2.3.5 全链路多方协同需求强烈，亟须破除信息化建设壁垒

供应链全链路协同是企业提升整体竞争力的破题关键。企业在信息化过程中建成了功能丰富的业务系统，但受制于早期建设的思维和技术局限性，不同部门、企业间的数据共享和系统互联出现新问题，阻碍了物资供应链全链路协同的深入推进。

第一，数据共享渠道存在堵点，需要实施业务系统标准化改造。信息共享能够提升各业务节点间的连贯性，让企业获取更加全面的信息，进而辅助企业对业务节点和供应链全链路的资源配置优化。由于能源电力企业大多体量大、业务流程复杂、物资供应链链条长且各业务节点相对独立，各业务节点的数据收集不全面、数据加工不统一、数据维护不长效，降低了共享信息的准确性和可用性。因此，能源电力物资供应链应对各业务节点进行数字化设备普及，实现数据汇总的线上化与自动化，保证数据收集的全面性；另外还应通过进行主数据管理，建立一套统一的数据存储及加工规则，为各节点间的信息共享打好基础。

第二，互联互通受"信息孤岛"制约，需要建设统一的信息共享平台。能源电力企业启动信息化系统建设的时间较早，目前拥有的各类信息系统都可以看成阶段性产物。受到早期建设模式和部门本位主义思想的影响，系统建设缺乏全局性和兼容性，开发新系统往往只侧重实现或提升单一功能，逐渐形成了"系统烟囱"和"信息孤岛"，由此带来的不良影响也逐渐显

现——系统维护难、实现新增需求所需的投入大、现有系统复用性差，这些都造成资源的浪费。因此，为了集中数据资源、打通业务链路、畅通内外协作渠道，能源电力企业需要建立具有业务集成、数据集成、内外交互接口集成的统一信息共享平台，实现物资供应链内外部的高效互联。

第 3 章

# 能源电力行业的智慧物资供应链

当前，数字产业成为经济转型升级的新引擎，以数字化转型为契机，驱动能源电力物资供应链结构变革，促进能源电力物资供应链多方高效协同，推动能源电力物资供应链绿色低碳发展契合能源电力行业产业自主可控、操控系统智能、能源结构低碳的趋势。借助物联网、大数据、人工智能、云计算、边缘计算、区块链等数字技术，数字化转型得以快速推进。但是，数字化转型过程中也产生了一系列新问题。

# 3.1 智慧物资供应链的关键技术

## 3.1.1 物联网

（1）物联网的概念与关键技术

物联网是指通过射频识别（Radio Frequency Identification，RFID）技术及红外感应器、全球定位系统（Global Positioning System，GPS）、激光扫描器等设备，按约定的协议把任何物品与互联网相连接，进行信息交换和通信，以实现智能化识别、定位、跟踪、监控和管理的一种网络。物联网的基础架构分为三个层次，分别是感知层、网络层、应用层，具体说明如图 3-1 所示。

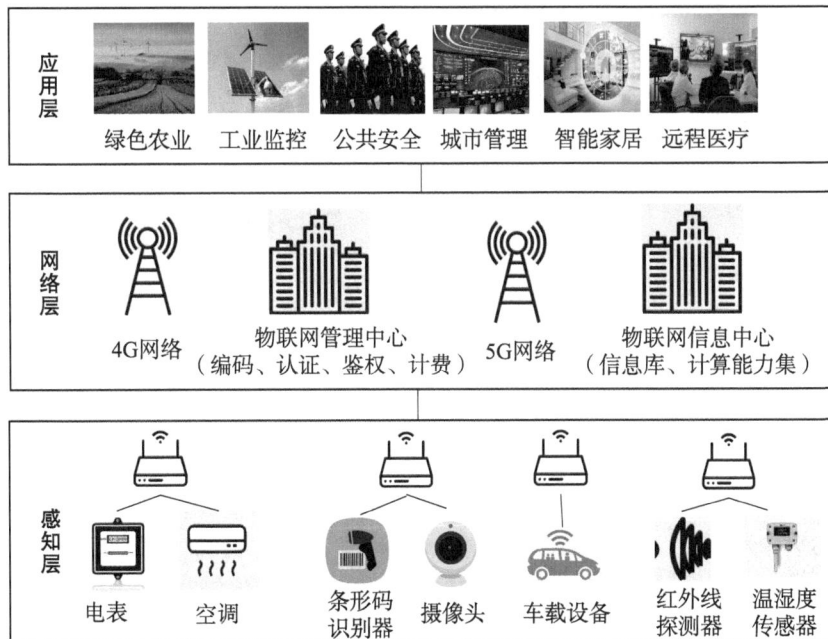

图 3-1　物联网的基础架构

感知层是物联网全面感知外界环境的基础，包括条形码标签、RFID 标签、标签读写器、摄像头、全球卫星定位系统、传感器、传感器网络和传感器网关等。它主要用于物体属性、环境状态、行为态势等信息的获取、加工与转换。

网络层为物联网可靠传输提供保障，包括企业内部网、专用网、小型局域网等各种通信网络与互联网形成的融合网络，主要用于数据长距离传输。此外，网络层还包括物联网管理中心、物联网信息中心、云计算平台、行业专家系统等，用于对海量信息进行智能处理。

应用层是物联网智能处理的呈现窗口，是将物联网技术与行业专用技术相结合，通过对数据的分析处理为用户提供丰富、特定的服务。它主要用于解决数据加工、人机交互等问题，是行业智能化的关键。

对物联网关键技术的具体说明如表 3-1 所示。

表 3-1　物联网的关键技术

| 技术名称 | 概述 |
| --- | --- |
| 标识技术 | 包括条形码技术、图像识别、射频识别、生物特征识别、磁卡识别等。物联网标识技术自动获取被识别物体的相关信息，提供给计算机系统完成识别任务 |
| 传感器技术 | 包括光电转换、热电转换等，是通过敏感元件组成的检测装置，将物理、化学、生物等信息变化按照某种规律转化为电参量（电压、电流、频率、相位、电阻、电容等）的技术手段。传感器技术赋予物联网"感官"功能 |
| 网络和通信技术 | 有线传输，包括以太网、串口通信等；无线传输，包括短距离的高频无线通信（Near Field Communication，NFC）、无线传感网络（ZigBee）、蜂窝网络技术、广域网技术、RFID、Wi-Fi 等。网络和通信技术的作用是将物联网采集到的信息在不同终端之间进行高效传输和交换，用于实现信息资源的互通和共享 |

（2）物联网的主要特征

物联网具备全面感知、可靠传输、智能处理的基本特征。全面感知是指物联网可以利用射频识别、智能传感器等感知设备获取物体的各类信息；可靠传输是指物联网通过窄带物联网（Narrow Band Internet of Things，NB-IoT）、ZigBee、蓝牙和有线传输等多种通信方式的融合，将物体的信息实时、准确、远程地传输，实现信息交流和分享；智能处理是指利用人工智能、模糊识别等智能技术，对跨地域、跨行业、跨部门的数据进行分析处理，实现监测与控制的智能化。

（3）物联网在物资供应链中的应用

物联网技术是实现物资供应链全过程实时可视化、端到端透明化、提升自动化水平的重要技术手段。借助射频识别、条码识别等标识技术，快速对物资信息进行批量化采集，极大地便利了物资入库盘点、物资仓储环节库位规划、物资出库前的精准拣货定位和出库盘点工作；物流运输过程中借助传感器技术感知物资运输环境、当前状态，结合物联网通信网络和GPS，使物流状态实时监控成为可能。通过实时交通分析、GPS和物联网，可以优化运输路线，减少燃料浪费和在交通运输中停留的时间。

## 3.1.2 大数据

（1）大数据的概念与关键技术

大数据是由海量结构化数据、非结构化数据和半结构化数据组成的数据集合。谈到大数据，往往并非单指数据本身，还包括大数据技术。大数据技术是指伴随大数据的采集、预处理、存储、分析和应用这一处理流程的相关技术，如图 3-2 所示。随着大数据技术体系的不断成熟，内部技术构成不断分化，从面向海量数据的存储、处理、分析等需求的核心技术，延展到数据管理、流通、安全等配套技术，逐渐形成了层次清晰、分工完备的大数据技术体系。

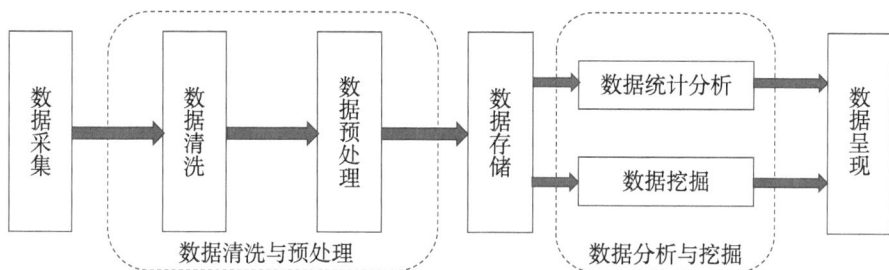

图 3-2　大数据处理流程

21 世纪初，互联网应用迅猛发展，产生了大量的非结构化数据。传统的数据处理手段难以满足数据处理要求，从而带动了大数据技术的快速发展。

伴随数据处理需求升级，数据存储架构与处理框架实现了创新突破。大数据的数据量大、数据源异构多样、数据时效性高等特征催生了高效完成海量异构数据存储与计算的技术需求。在提升数据库存储容量与搜索效率的需求下，传统关系型数据库受制于单机的存储容量及计算性能有限，进而催生了分布式存储及分布式计算框架。面向海量结构化及非结构化数据批处理的需求，出现了基于 Hadoop、Hive 和 Spark 生态体系的分布式批处理框架。面向时效性数据进行实时计算反馈的需求，出现了 Storm、Flink 及 Spark Streaming 等分布式流处理框架。

数据管理技术提升数据质量与可用性。当数据存储、计算需求得到满足后，如何进行数据管理与沉淀成了一个主要的需求。由于企业内部大量数据的产生链条长、复杂度高，但普遍缺乏有效管理，通常存在数据获取难、准确性低、实时性差、标准混乱等问题，导致数据后续的使用存在众多障碍。在这种情况下，用于数据整合的数据集成技术，以及用于实现一系列数据资产管理功能的数据管理技术随之出现。

数据分析应用技术挖掘数据价值。为开展数据分析、挖掘数据价值，以商业智能（Business Intelligence，BI）为代表的统计分析与可视化展现技术得到快速发展。同时，以传统机器学习、基于深度神经网络的深度学习为基础的挖掘分析建模技术纷纷涌现，支撑数据价值的挖掘并进一步将分析结果与模型应用于实际业务场景中。

对大数据关键技术的具体说明如表 3-2 所示。

表 3-2　大数据的关键技术

| 技术名称 | 概述 |
|---|---|
| 大数据采集技术 | 大数据采集是指对数据进行提取、转换、加载，最终挖掘数据的潜在价值。从数据源的角度进行分类，大数据采集技术主要包括 Web 数据采集、日志数据采集、数据库数据采集等 |
| 大数据预处理技术 | 大数据预处理是指通过对采集到的原始数据进行清洗、填补、平滑、合并、规格化等操作，将杂乱无章的原始数据转化为相对单一且便于处理的结构类型，以保证大数据分析的正确性和有效性，获得高质量的分析挖掘结果。大数据预处理主要包括数据清理、数据集成、数据转换及数据规约等内容 |
| 大数据存储技术 | 大数据存储技术主要采用分布式文件系统进行数据存储。分布式文件系统是将数据分散地存放在多台独立的设备上，它采用可扩展的系统结构，用多台存储服务器分担存储的负荷，利用元数据定位数据在服务器中的存储位置 |
| 大数据分析挖掘技术 | 大数据分析需要从纷繁复杂的数据中发现规律以提取新的知识，是大数据价值挖掘的关键。数据分析主要有两条技术路线：一是凭借先验知识人工建立数学模型来分析数据；二是通过建立人工智能系统，使用大量样本数据进行训练，让机器代替人工获得从数据中提取知识的能力 |

（2）大数据的主要特征

大数据以容量大、类型多、价值密度低为主要特征。容量大是指大数据的体量庞大，可以达到 TB、PB 甚至 EB 数量级；类型多是指大数据的数据类型和来源较为多样，日志、图片、视频、文档等都是其数据组成；价值密度低是指大数据的数据总量与其价值密度的高低成反比关系。

（3）大数据在物资供应链中的应用

大数据可应用于辅助采购决策、优化仓库选址、物流体系建设及物资供应服务改善。在采购计划制定的过程中，企业通过对历史物资消耗数据进行分析，能够清晰地掌握各项物资的使用情况，进而对未来的物资用量进行预测，为物资采购和管理部门做出采购决策提供辅助信息。企业在规划仓库位置时，需要充分考虑自身的经营特点、物资需求单位的分布、交通运输条件、物资需求时效等多种因素，使配送成本和配送时效之间达到平衡，而大数据中的"分类树"就能够很好地优化仓库选址问题。在物流体系建设方面，大数据能够弥补传统模式下以订单组织货源、按既定路线规划配送在面对市场需求不稳定时的管理短板，通过分析物资供应周期、客户地理位置分布、路况、运输工具等数据，对运力进行合理的调度，达到充分利用运力、合理规划配送路线、降低能耗、最终实现配送成本降低的目的。大数据同样可以用于分析物资使用方的服务反馈信息，及时发现服务漏洞，优化物资供应链管理全流程，提高物资供应水平。

## 3.1.3　人工智能

（1）人工智能的概念与关键技术

人工智能是一门以计算机科学为基础，融合了脑科学、心理学、语言学、哲学的自然科学与社会科学的交叉性学科，是研究、开发用于模拟、延伸和扩展人的智能的理论、方法、技术及应用系统的一门新的技术科学。该领域的关键技术包括知识图谱、机器学习、人机交互等，具体说明如表3-3 所示。其主要任务是建立智能信息处理理论，进而设计可以展现某些近似于人类智能行为的计算系统。

表 3-3　人工智能的关键技术

| 技术名称 | 概述 |
| --- | --- |
| 知识图谱 | 知识图谱是用节点和关系组成的图谱，对真实世界的各个场景直观地建模。构建知识图谱的过程，本质上是让机器形成认知能力，为智能化信息应用奠定了基础 |
| 机器学习 | 研究如何使用机器模拟人类学习活动，目的是获取新的知识或技能。常见的应用方向包括计算机视觉（用于处理相机获取的图像）、自然语言处理（使计算机理解、分析及生成自然语言）、深度学习（学习样本的内在规律，从而做出判断和预测） |
| 人机交互 | 通过计算机输入、输出设备，以一定的交互方式完成人与计算机之间的信息交换 |

（2）人工智能的主要特征

人工智能具有样本需求量高、自适应性强的特征。样本需求量高是指人工智能在模型训练阶段需要大量的数据集。数据集的体量越大，模型训练的效果越好。人工智能通过对数据的采集、加工、处理、分析和挖掘形成有价值的信息流和知识模型，为人类提供延伸人类能力的服务。自适应性强是指人工智能输出的训练模型在面对输入数据变化较大时，能够灵活调整训练模型的参数，从而适应不同的场景和需求。

（3）人工智能在物资供应链中的应用

人工智能作为新一轮产业变革的核心驱动力量，已经成为国际竞争的新焦点和经济发展的新引擎。目前，人工智能正在加速与物联网、大数据等技术深度融合，共同致力于改善物资智能调拨、物资出入库管理、物资装载、物资搬运与配送，助力物资供应链转型升级。人工智能通过分析物资的历史消耗数据，动态调整库存水平，综合考虑距离、成本等因素对库内闲置物资进行智能调拨，降低库存浪费。借助人工智能可以提高货舱空间利用率，通过智能摄像头和高精度传感器采集货舱空间数据，对厢内货物进行图像三维建模，从而实时感知货车厢内的货物量方，并自动记录量方变化曲线，再结合深度学习算法计算储货舱容积占比，指导货舱精准装载。智能搬运机器人能在大型仓库内实现安全性高、稳定性好、操作便捷的搬运操作，降低人工成本。搭载于智能驾驶系统之上的无人配送车能在园区内实现物资的精准投送。

## 3.1.4　云计算与边缘计算

（1）云计算

① 云计算的概念与关键技术

云计算是对可配置的共享计算资源池进行按需访问的一种商业计算模式，其中可配置的共享资源池内包括网络、服务器、存储、应用和服务。云计算可以看作分布式计算、并行计算、网格计算等计算概念的商业实现，从服务模式上分为基础设施即服务（Infrastructure as a Service，IaaS）、平台即服务（Platform as a Service，PaaS）、软件即服务（Software as a Service，SaaS）。云计算技术本身为众多新技术的落地应用奠定了基础，而且基于云计算技术还将构建一个庞大的技术生态和价值空间。

对云计算关键技术的具体说明如表 3-4 所示。

表 3-4　云计算的关键技术

| 技术名称 | 概述 |
| --- | --- |
| 虚拟化技术 | 这是实现云计算的重要技术基础，能够屏蔽物理设备多样性带来的差异 |
| 海量数据分布存储技术 | 采用冗余存储技术保证存储数据的可靠性 |
| 海量数据管理技术 | 对大数据集进行处理、分析，向用户提供高效的服务 |

② 云计算的主要特征

云计算的主要特征体现在资源池化、可扩展性强、按需服务、泛在接入。资源池化是指计算资源以共享资源池的形式进行统一管理，利用虚拟化技术将资源分享给不同的用户，资源的位置、管理与分配策略对用户公开。可扩展性强是指云计算的规模可以动态伸缩，满足应用扩展和用户规模增长的需要。按需服务是指可以将云计算类比为一个庞大的资源池，用户按需购买，就像使用水、电、气那样按需计费。泛在接入是指用户可以利用各种终端设备，包括个人电脑、智能手机等随时通过互联网获取云计算服务。

③ 云计算在物资供应链中的应用

云计算技术在物资供应链管理中的应用是实现行业智慧化、数字化的重要突破口，是协助企业发挥自身核心竞争力的关键技术。云计算提供了强大的数据存储与计算能力，可以实现数据低成本备份、支持大规模并行计算和应用快速部署，为物资供应链数字化需要的高并发数据计算、数据中心云化提供解决方案，已经成为数字化转型中重要的新型基础设施。云计算可以破除企业自身维护数据中心难以避免的技术瓶颈和预算瓶颈，通过"私有云 + 公有云"的混合部署模式，实现企业数据隐私保护和低成本的数据中心扩容与容灾备份。

（2）边缘计算

① 边缘计算的概念与关键技术

边缘计算是一种通过将计算资源下沉至与用户接近的边缘设备，实现云端计算与用户本地计算协同，整体性能高于用户本地计算和云计算的计算模式。边缘计算能够提供更快的网络服务响应，满足企业在实时业务、智能应用、安全与隐私保护等方面的基本需求。边缘计算与云计算形成互补关系，解决了云计算在网络带宽与计算吞吐量、数据处理时效性方面的瓶颈问题。

边缘计算系统的运行模式如图 3-3 所示。

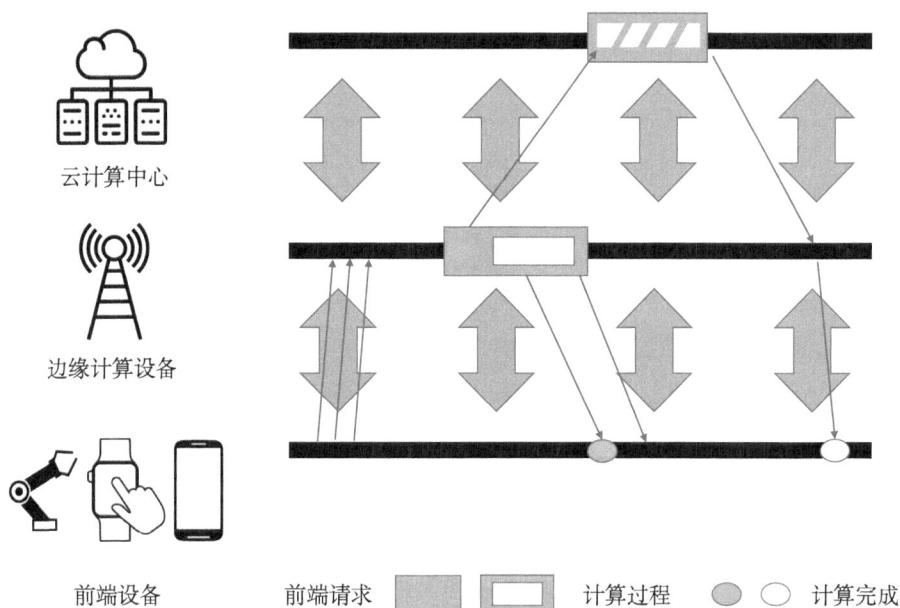

图 3-3　边缘计算系统的运行模式

首先，前端设备通过不同的通信方式将计算请求及需要运算的数据发送至边缘计算设备。然后，边缘计算设备对计算请求进行判定：当具备计算条件时，执行该请求对应的计算任务，并将计算结果返回给前端设备；当不具备计算条件时，则继续向云计算中心请求，由云计算中心执行（或将相应的计算服务从云端下载至边缘端并继续执行），并返回结果给前端设备。由于前端设备与边缘计算设备通常仅有一跳的距离，其传输延迟相比云计算得到极大的缩短，从而能够支持各类实时性要求高的计算业务。不仅如此，由于边缘计算设备更靠近用户，面向的用户设备和计算需求类型也更多，其服务具有更强的定制化特点。

对边缘计算关键技术的具体说明如表 3-5 所示。

表 3-5　边缘计算的关键技术

| 技术名称 | 概述 |
| --- | --- |
| 软件定义网络 | 采用网络控制平面和转发平面分离的架构，利用集中控制替代原有分布式控制，并通过开放和可编程接口实现"软件定义"，可以很好地支持计算服务和数据的迁移 |
| 异构计算 | 协同和发挥各种计算单元的独特优势，目标是整合同一个平台上分立的处理单元，使之成为紧密协同的整体来协同处理不同类型的计算负荷。同时，通过开放统一的编程接口，支持跨平台业务执行 |
| 超融合架构 | 超融合架构是新一代横向扩展的软件定义架构，它由整合了 CPU、内存、存储、网络和虚拟化软件平台的通用硬件单元组成，没有固定的中心节点。它的核心概念包括线性的横向扩展、计算能力和存储能力相融合、服务器端采用高速闪存作为存储介质 |

② 边缘计算的主要特征

边缘计算具有低时延、安全可靠的特征。边缘计算的部署非常靠近信息源，海量的数据信息不再需要上传到云端进行处理，大大降低了网络延时，使反馈更加及时。边缘计算将用户隐私数据存储在网络边缘设备上，减少了网络数据泄露的风险，保护了用户数据安全和隐私。通常情况下，边缘计算不把数据传向云端，在广域网发生故障的情况下也能够实现局域范围内的数据服务，进而实现本地业务的可靠运行。即使需要将数据上传至云端，边缘计算也会在数据上传到云端之前执行数据所有者应用的隐私策略，以提升数据的安全性。

③边缘计算在物资供应链中的应用

边缘计算是云计算向边缘的延伸与补充，主要用于对时间敏感应用场景的数据访问和分析，旨在满足海量设备的数据和流量处理对时延、服务质量（Quality of Service，QoS）、用户体验（Quality of Experience，QoE）、安全、能耗等方面的要求。边缘计算可协助云计算，实现计算能力进一步提升。边缘计算可以为物资供应链的物流运输中的无人驾驶提供更加高效的算力支撑，并提升数据的安全性。物资供应链中的设备传感器将数据本地化处理，缓解数据全部上传至云端处理所带来的带宽压力，缩短数据传输链路，使分布在边缘的算力得到充分利用。同时，边缘计算还可以通过物资供应链数据授权访问，降低数据隐私泄露的风险。其核心在于通过双向验证保障访问申请方和设备方的合法性，设备方根据访问请求对外提供数据处理结果，从而降低数据隐私泄露的风险。

## 3.1.5 区块链

### （1）区块链的概念及关键技术

区块链中的数据结构是按照产生的时间顺序首尾相连形成的链式结构，区块链是集合了分布式存储、点对点传输、共识机制、加密算法等多种计算机技术的集成应用。

对区块链关键技术的具体说明如表 3-6 所示。

表 3-6 区块链的关键技术

| 技术名称 | 概述 |
|---|---|
| 分布式存储 | 分布式存储系统是将数据分散存储在多台独立的设备上，采用可扩展的系统结构，利用多台存储服务器分担存储负荷，利用位置服务器定位存储信息。它不但提高了系统的可靠性、可用性和存取效率，还易于扩展 |
| 点对点传输 | 点对点技术又称对等网络（Peer to Peer，P2P），是一种网络新技术，依赖网络中参与者的计算能力和带宽，而不是把依赖都聚集在较少的几台服务器上。P2P 网络通常借助 AdHoc 连接节点。这类网络有多种用途，各种文件共享软件已经得到了广泛的应用。P2P 技术也被应用在类似基于 IP 的语音传输（Voice over Internet Protocol，VoIP）等实时媒体业务的数据通信中 |
| 共识机制 | 共识机制是一种协议，也称共识算法，用于区块链网络中的节点就区块链状态达成一致 |
| 加密算法 | 数据加密的基本过程就是对原来为明文的文件或数据按某种算法进行处理，使其成为不可读的一段代码，即"密文"，使其只能在输入相应的密钥之后才能显示出原本内容，通过这样的途径达到保护数据不被人非法窃取、阅读的目的。该过程的逆过程为解密，即将该编码信息转化为其原来数据的过程 |

（2）区块链的主要特征

区块链技术具有去中心化和多方维护、不可篡改和可追溯、可编程、安全可信等特征。去中心化和多方维护是指区块链中没有中心化的组织或机构，整个网络组织由具有维护权限的节点共同管理，运行规则公开透明。数据不可篡改和可追溯是因为区块链采用带有时间戳 ① 的链式区块结构存储数据，将时间戳作为数据时间维度的证明，从而产生极强的可追溯性且不可篡改。可编程是指区块链通过提供灵活的脚本代码系统，将合同条款或事务执行逻辑转换为计算机程序，该程序的执行无须第三方介入，在满足特定条件

① 时间戳是指一个能表示一份数据在某个特定时间之前已经存在的、完整的、可验证的数据，通常是一个字符序列，唯一地标识某一刻的时间，可以为数据提供一份完整的、可验证的时间数据证明。

时被触发执行。安全可信是指区块链技术采用非对称加密算法对数据进行加密，通过数字签名机制进行身份验证，从而在彼此不了解或不信任的用户之间建立信任关系，保障交易的完整性和真实性。

（3）区块链在物资供应链中的应用

区块链可以实现数据可信存证、数据确权，为物资供应链数字化中数据共享、业务协同、构建可信网络环境提供解决方案。例如，传统物流发展经营模式下，包裹数据普遍集中在几个服务器节点上，很容易出现物流信息被篡改、信息丢失等情况。在引入区块链技术之后，包含收货、转运及派件等过程的物流步骤都能够被每一个处于区块链网络中的服务器节点清晰地记录下来。如果货物的物流信息发生变化，所有参与本次物流运输的人员都能够记录变更信息，保证货物信息的公开性和透明性。使用区块链技术记录的信息无法伪造，能够成为非常可靠的证据。例如，包裹在运输时发生损毁或丢失，相关单位和个人可以查询区块链信息，明确各方责任。

## 3.1.6　虚拟现实

（1）虚拟现实的概念及关键技术

虚拟现实（Virtual Reality，VR）技术是 20 世纪 90 年代发展起来的一种以计算机技术为核心的新技术，通过对计算机图形、多媒体、传感器、人工智能、仿真等技术的结合，使参与者置身于集视觉、听觉、触觉、味觉等于一体的三维虚拟环境中，借助特殊的输入输出设备与虚拟世界中的物体进行交互，产生沉浸感。其关键技术主要包括动态环境建模、三维实时建模、立体视觉、系统集成等，具体说明如表 3-7 所示。

表 3-7　虚拟现实的关键技术

| 技术名称 | 概述 |
| --- | --- |
| 动态环境建模 | 动态环境建模的目的是获取实际环境的三维数据，在不降低三维模型的质量和复杂程度的前提下实时建立相应的虚拟环境模型。该技术强调实时的数据传感、超高清显示，以及提高刷新频率、提升系统性能、减少晕眩和提高真实感 |
| 三维实时建模 | 三维实时建模包含动态环境建模技术、动态场景实时绘制技术、沉浸式三维动作捕捉系统、虚拟摄影棚技术等。其中，动态环境建模技术在计算机图形学中指获取实际环境的三维数据，并根据应用的需求建立相应的虚拟环境模型 |
| 立体视觉 | 立体视觉技术是利用摄像机拍摄的具有视差的多张图像，再结合图像分析技术，将二维图像转化为立体图像。目前，立体视觉技术都是基于双目视差实现的 |
| 系统集成 | 系统集成技术包括信息的同步技术、模型的标定技术、数据转换技术、数据管理模型、识别与合成技术等 |

（2）虚拟现实的主要特征

虚拟现实技术主要具有沉浸感、交互性、多感知性和构想性四个特征。沉浸感是指处于虚拟环境中的用户作为主角在生理、心理两方面感受的真实程度，理想的模拟环境应该达到使用户难辨真假的程度。交互性是指用户对虚拟环境内物体的可操作程度和从环境得到反馈的自然程度（包括实时性）。多感知性是指虚拟现实除了具有视觉感知，还包括听觉感知等。构想性也称为想象性，使用者在虚拟空间中可以与周围的物体进行互动，可以拓宽认知范围，创造客观世界不存在的场景或不可能发生的环境。关于构想，我们可以将其理解为使用者进入虚拟空间，根据自己的感觉与认知能力吸收知识，发散思维，创立新的概念和环境。

（3）虚拟现实在物资供应链中的应用

虚拟现实技术在物资供应链中多应用于配送中心设计、3D 立体仓储可视化等方面。虚拟现实技术在配送中心设计上的实现是利用三维建模技术，构建现实世界中配送中心的三维场景，通过一定的软件环境驱动整个三维场景，根据用户的不同动作做出相应的反应并在三维环境中显示出来。将虚拟现实技术应用于 3D 立体仓储可视化方面，可以实现输送辊道[①]模拟、光电传感器模拟、扫码器模拟、货物站台模拟、提升机模拟、穿梭车模拟，以及可视化货位管理、拣选管理、命令控制、模拟端控制端数据通信等功能。

## 3.2　能源电力行业物资供应链的数字化转型

### 3.2.1　企业数字化转型的主要方向

能源清洁低碳转型要求电力供应结构深度调整，电力系统在持续可靠供电、安全稳定等方面面临严峻的挑战。传统模式越来越难以兼顾安全、经济和绿色的发展要求，亟待运用信息及数字技术，加快推动能源电力行业及企业转型升级。

能源电力企业为实现物资供应链数字化转型，需要明确战略定位，制定战略目标，为指导物资供应链数字化指明方向；需要根据目标和自身数字化基础解析转型核心任务，这是开展数字化转型工作的依据；为如期达成目标，需要制定保障措施作为后盾。能源电力物资供应链数字化转型战略结构如图 3-4 所示。

---

① 输送辊道：主要作用是运送轧件或钢锭。

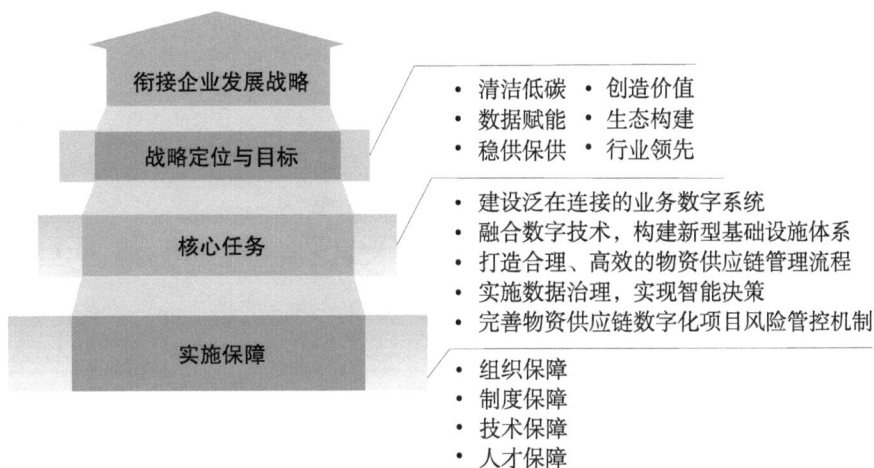

图 3-4　能源电力物资供应链数字化转型战略结构示意图

（1）明确数字化战略定位与目标

能源电力行业发展关乎国计民生。当下，我国能源电力行业也正面临数字化转型升级的大趋势，以物资供应链数字化转型为契机，推动能源电力行业与数字技术深度融合是企业发展的必经之路。

能源电力企业开展物资供应链数字化转型的首要任务是加强集团层面的组织领导和顶层设计，实施战略布局规划引领，实现数字化的可持续发展。同时，能源电力企业开展物资供应链数字化转型还需要统筹企业各业务领域信息化系统的建设规划，避免重复建设或互不兼容，打造纵向一体、横向联动的信息化网络系统，提升各领域业务系统的统一性、兼容性、协同性、便捷性。

能源电力企业物资供应链数字化转型的目标不仅体现在效益、安全、用户满意度及物资供应水平的提升，更应当契合国家能源发展战略、保证和稳定物资供应、强化风险管理、实现行业领先。在企业发展需求和社会责任担当双重因素的驱使下，本书提出能源电力物资供应链数字化转型的 24 字战略目标——清洁低碳、数据赋能、稳供保供、价值创造、生态构建、行业领先。

① 清洁低碳是长期目标

物资供应链为能源电力行业提供生产资料，贯穿能源电力生产活动始末，是构建新型能源体系的重要切入点。因此，清洁低碳是物资供应链数字化转型中应当坚持的长期目标。

② 数据赋能是外在体现

数据要素驱动下物资供应链可以实现端到端透明化，业务流程被打通，数据赋能的结果最终通过数字化运营、科学化决策、灵活化管理体现出来，通过数据赋能直观地向外界传达物资供应链更透明、更科学、更智能的新特征。

③ 稳供保供是内在要求

数字化物资供应链在持续变化的环境中凸显出强大的韧性，全球地区冲突事件和贸易摩擦造成物资供应局势复杂，新能源发电项目大批量并网给物资供应工作再出难题。在行业内外复杂因素的交织下，稳定和保障物资供应成为能源电力企业的头等大事，也成为物资供应链数字化转型的内在要求。

④ 价值创造是核心理念

创造价值、实现资产保值增值是企业的首要目标。能源电力企业通过物资供应链数字化转型，对内提高物资供需对接水平以降低库存，减少资金占用，进而实现降本，通过增强物资供应链服务能力、创新服务产品实现效益增收；对外以客户为中心，为其提供更优质的物资供应体验、更灵活的融资手段，拓宽合作范围，为客户提供提升企业价值的舞台。对任何企业而言，生存和发展是不变的主题，二者都可以通过价值创造得以充分体现。因此，价值创造是转型的核心理念。

⑤生态构建是制胜手段

面对能源结构变化、用电需求波动、业务运营环境复杂多变的行业挑战和数字化的深入，企业的竞争重点将逐渐从供应链层面扩展到生态层面。以物资供应链公共服务平台为基础，借助企业自身的规模效应吸引更多技术、服务等加入其中。构建既能提供强大公共服务能力又能满足个性化需求的综合型平台，打造资源共享、服务共用的生态圈，是企业保持自身竞争力的有力手段。

⑥行业领先是最高准则

物资供应链数字化转型不仅是能源电力企业供应链领域的一场变革，更是一次前所未有的发展机遇。借助物资供应链转型，突破能源电力的行业边界，形成新的商业模式，打造能源绿色、高质量发展的"中国方案"，是能源电力行业物资供应链数字化转型的最高准则。

（2）组织开展数字化建设任务

物资供应链数字化转型任务艰巨，涉及数字系统建设、基础设施体系构建、管理流程升级、数据治理、风险管控多个方面。

①建设泛在连接的业务数字系统

数字化工具的广泛使用让企业之间的联络更加便捷，企业所处的合作关系网络边界不断向外扩展。在这个过程中，信息交互将变得更加频繁。建设统一的供应链职能管控后台应用数字化系统，以提高职能管理业务效率与精细化水平为突破口，推进企业职能管控流程持续优化与有效协同，推动企业总部职能精益管理建设，提升集团化管控能力和水平。

在建立统一的数字系统的同时，企业也需要优化职能管控领域已有的后台应用系统，并根据集团的管控要求新建一系列后台应用系统。企业通过后台管理业务数字化实现职能管理数据可视化，消除职能管理数字化应用盲区与短板，构建敏捷、智能、高效的集团型职能管控体系。优化企业统建及下属子企业自建核心业务系统，提升供应链集成服务对客户日益多元化、个性化需求的响应速度与服务能力，提升客户体验与客户价值；通过风险识别、评价和监控，深入推进全面风险管控，实现风险管理从事后被动反应向事前主动保障的转变。

②融合数字技术，构建新型基础设施体系

企业为了全面推进物资供应链数字化转型发展，需要融合数字技术，包括物联网、人工智能、5G、区块链等，还需要积极打造物联网服务平台、数据中心、云计算中心等数字基础设施。这些数字技术与数字基础设施为能源电力物资供应链数据采集、传输、存储、计算、管理提供手段和工具，在能源电力物资供应链数字化转型中发挥着"神经"和"大脑"的作用，可以在物资采购、物资运输、物资存储、供应链金融等方面改善基础数据不完善、信息流通不顺畅等实际问题。数字技术与数字基础设施能够促进发电、输电、配电、供电的实际需求与物资供应深度融合，通过加速数据的流通推动物资供应链整体资源配置的效率优化，为打造内外部业务流程贯通、内部管理与外部业务流程全生命周期覆盖的数字化平台奠定基础。

能源电力企业信息化工作起步时间早，已经具备了一定的数字化基础。面对新的转型需求，能源电力企业应在现有资源的基础上融合区块链、云计算、大数据、人工智能、物联网等新一代信息技术，打造数字基础设施一体化平台，构建IT底座，形成新型基础设施体系。在此基础上，能源电力企业能够有效整合资源，以实现数字化基础设施能力的组件化、模块化，为能源电力物资供应链转型提供高效、低成本的数字化服务支撑，满足多样化的业务创新需求。

③ 打造合理、高效的物资供应链管理流程

在企业数字化转型中，物资供应链能力的提升离不开完善的、清晰明确的流程设计和建设。建立标准的、可操作性强的、符合企业自身实际情况的物资供应链业务流程体系，对建设高效的物资供应链系统非常重要。有了规范化、标准化的流程，建设数字化的物资供应链就有了扎实的基础。

合理的流程能够有效解决旧流程中业务执行效率低、节点企业或部门相互推诿责任等问题，从而降低管理的难度。企业在优化物资供应链管理流程时，通过强化流程关键点进度监管和实施关键绩效指标（Key Performance Indicator，KPI）考核，缩短业务执行周期；通过在流程中清晰地定义各个节点的工作职责范围，做到"责权利对等"和"责任归位"，消除流程节点间因责任不清晰而出现推卸和推诿的问题。同时，在制定物资供应链管理流程时，企业也需要对供应链高层管理人员的权力进行约束，规避违规操作的风险。另外，在实际工作中，企业不能只对流程进行僵化的执行，也需要提供"例外通道"应对紧急和突发事件，即对部分特殊的流程采取特事特办的方式，给予流程中个别节点一定的特殊审批权限。需要注意的是，这种特殊情况是短期、临时性质的，一定要控制在有限、合理的范围内，并通过不断优化和迭代工作程序，将特殊场景逐步纳入常规业务流程。

此外，从易于管理的角度出发，物资供应链流程的设计可以参考美国生产力质量中心针对流程管理提出的框架。该框架自上而下划分为流程类别、流程组、流程、活动、任务。其中，流程类别、流程组和流程用于企业物资供应链管理部门的高层管理者开展业务决策和跨部门业务管理，而活动和任务的流程用于指导最基本的物资供应链业务操作活动。

④ 实施数据治理，实现智能决策

数字经济时代最重要的两个特征是"数"和"智"。"数"是从消费端到供给端的全域、全场景、全链路的数字化。"智"是面对市场需求变化时的响应、决策的智能化。在以往的企业决策中，管理者往往依赖经验，或依靠低效率的信息收集方式，如问卷调研、来自渠道商的信息汇总等。而今天的智能化决策则是数据支撑下的高效决策乃至于自动化决策。数智化给企业带来的变化可以概括为"因数而智""化智为能"。

随着物资供应链数字化转型的推进，数据对提高供应链效率的乘数作用凸显，数据要素将成为物资供应链中最核心的战略资产。数据中蕴含着破解传统物资供应链难题的答案，以及物资供应链发展和运行的规律。转型的本质在于通过"数据"这个新型生产要素与"物资"这个传统生产要素的有机融合，实现数据驱动的业务转型。

借助智能终端设备、网络和存储介质，企业完成对物资供应链全流程数据的采集、传输和存储。企业要进一步发挥数据的重要作用，应加强数据治理。数据治理是一项庞大且复杂的工程，企业需要对数据进行标准化和规范化的处置，改变数据杂乱无章、定义模糊的局面，提升数据质量；需要建立完善的数据安全管理制度，确保数据安全；需要依托海量数据，并结合智能算法模型，开展科学的需求决策分析与物资供应风险评估，发挥数据要素赋能作用；需要建立数据资产管理体系，维护并提升数据价值。

⑤ 完善物资供应链数字化项目风险管控机制

数字化项目具有探索性、尝试性，可能会出现投资回报不明确、进度延迟等情况。同时，数字化转型也会带来应用风险、数据风险和网络风险。因此，对项目实施风险管控是非常必要的。

● 应用风险

数字化项目建设完成后，有可能无法实现预期目标或出现"水土不服"、无法适应现有物资供应链业务逻辑的情况，给企业造成损失。为保障应用质量，数字化项目在建设前期必须经过充分论证。论证内容包括项目建设的必要性、与目前物资供应链业务系统和业务逻辑是否相适应、项目是否可推广等。企业在必要时可以引入第三方专业咨询公司对项目进行评估。数字化项目建设产生的数据必须按照可量化、可传输、可复制的要求，原则上在组织内部实现开放共享。

● 数据风险

数字化项目建设过程中，通常会加强对大数据、物联网等新兴技术的应用。伴随着这些技术应用，对客户信息、物资数据的采集活动也会明显增加，容易带来数据泄露的风险。因此，加强数据安全管理至关重要，数据的采集和传输必须符合国家及企业的相关规定，并对数据传输和存储过程进行加密，全面保障数据安全。

● 网络风险

企业在物资供应链数字化转型中将业务系统和数据向云端迁移，使企业遭受病毒攻击、网络故障的概率加大。因此，企业在转型过程中，需要通过健全网络安全管理制度、实施精细化的访问控制、定期开展网络安全评估、采用可靠的安全技术，加强网络安全管理。

（3）为系统建设与深入应用提供基础保障

能源电力物资供应链数字化转型涉及企业文化、组织架构、业务流程、数字化技术等多个领域及多个部门。因此，在组织赋能、制度管理、技术牵引和人才引进与培养等方面，企业需要有强力的配套保障机制，如图3-5所示。

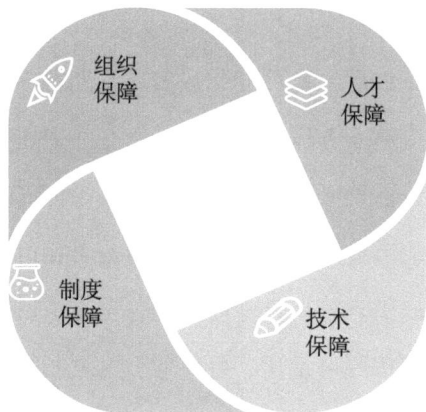

**图 3-5　战略实施保障**

① 组织保障

戴尔·麦康基（Dale MacConkey）提出"有什么样的战略，就应有什么样的组织结构"。在组织执行层面，企业要积极拥抱灵活、敏捷的组织形态，完善管理机制，构建引领转型方向、实施转型战役的指挥机构和作战部队。围绕能源电力企业内部的实际痛点需求，纵向发挥企业高层的牵头领导作用，按照技术和业务两条主线推进转型工作。围绕数字化转型的工作任务和目标要求，横向发挥各层级单位的主体责任，在业务、技术、管理、组织等多方面统筹推进数字化转型战略。

② 制度保障

在传统非原生数字化企业中，对数据、信息化的重视程度往往不够，相关的技术部门并非创造利益的核心部门。物资供应链数字化时代的到来将改变这种局面。这意味着企业需要在制度方面做出调整，对物资供应链运营管理的相关业务部门、技术部门进行重新定位，提高其在企业中的站位，在制度方面给予供应链数字化转型的相关部门更多保障和话语权。

③ 技术保障

物资供应链数字化转型正处于 IT 架构变革时期，各种高并发、大数据量、低时延、需要强一致性和横向扩展能力的业务场景越来越多。物资供应链需要完成内部运营管理数字化、外部商业模式数字化和行业平台生态数字化的变革，对应到技术层面就是要实现内部垂直集成、外部横向集成及平台上的端到端集成。企业应提前针对各部分技术实施中的重点和难点进行研究，确认方案的可行性；提前做出各种紧急情况下的应急预案，以便意外发生时能够最大程度地降低不利影响。

④ 人才保障

无论是转型期的技术输出，还是升级后的管理与维护，维持物资供应链的正常运转都需要大量的人力资源。尤其"数字化 + 物资供应链"双学科背景的复合型人才是传统物资供应链迈向智慧物资供应链的重要保障，也是关乎能源电力行业能否走向全球价值链中高端的关键。行业、企业应制定数字化物资供应链人才标准和人才培养方案，一方面强化现有人员的能力储备，另一方面多途径挖掘和引进人才。

## 3.2.2　行业数字化转型的成果

一直以来，能源电力行业积极践行国家政策方针，在两化融合、数字化转型等政策的积极推动下，取得了数字化建设的初步成效，构建了覆盖数据中心、云计算中心、5G 网络、物联网服务平台的新型数字基础设施。这些数字基础设施与物资供应链形成有机结合，推动物资供应链数字化转型持续推进，提高物资供应链在采购、物流等环节的自动化、线上化、可视化水平。能源电力行业在数字化转型进程中，推进物资供应链数据治理、标准制定等工作，着力提高数据源头质量；以信息系统和数字化基础设施为基础，积极探索物资供应链协同新模式，初步形成数字化的物资供应链服务体系。

（1）数字系统的泛在连接初步形成

企业内部实施各类信息系统的改造和数字系统的搭建工程，构建串联资金系统、网络货运系统、电子商务平台、仓储管理系统的综合型业务平台，打通内部数据壁垒，大幅提升运营效率。企业间协作模式更加丰富，部分能源电力企业自主开发了智慧供应链平台，实现与外部企业的系统对接，确保供应链上的各方都能参与数据共享，进而能够更好地掌握上游供应商的情况，实现与供应商之间的协同，确保其及时供货。同时，云协作已经发展成为能源电力行业的主要工作模式之一，行业领先企业已经实现电工装备、精密仪器、电力电缆等重点物资运输全过程在线智能监控，为物资安全、及时到达现场提供保障。能源电力企业在运输、仓储环节探索出社会物流与自建物流综合利用、联合储备等企业间协同模式。

（2）新型数字基础设施体系初具规模

能源电力企业积极拥抱新技术，不断尝试实现新技术与传统物资供应业务相融合，使新一代信息技术在能源电力物资供应链数字化转型中彰显技术创新价值。能源电力企业以采购作为物资供应链数字化转型的切入点，积极构建新型数字采购平台。同时，能源电力企业在物资监造、物资运输、物资仓储等环节开展智能化改造升级，如引入实时监控、人脸识别、语音通信等新技术与设备，并充分利用物联网与5G通信技术开展智慧仓储、智慧物流等数字应用建设，实现信息全面深度采集和广泛互联，赋能物资运输与仓储可视化。数字基础设施的应用将物资供应链管理中的重复性劳动自动化，将非必要的线下活动转移到线上，物资供应链的管理效率和管理体验得到显著提升，为企业降本增效做出重要贡献。

数字技术的应用也初步实现贯通从物资计划提报到物资报废的企业内部物资管理全流程线上化作业。能源电力企业利用数字技术打通物资采购、签约的业务链条数字化通道，业务流程得到精简，线上化评标、线上开收票据、云监造、远程办公等业务"云办理"模式正在快速向物资供应链渗透；实现资源可视化和物资信息共享，并应用多种智能化分配策略自动匹配可用资源，对闲置和废旧物资进行妥善处置，推动物资分配优化和库存周转效率提升，从而使实物资源数字化管理得到加强。

（3）数据治理与智能决策初见成效

能源电力系统内部正持续推进物资供应链数据治理工作，积极开展指标数据进系统、标准化，推动各业务系统数据接入企业级数据平台。能源电力企业正在开展数据源头规范采集，从源头出发解决各类数据重复录入、重复统计的问题。同时，能源电力企业深入开展数据模型建设与数据可视化工作。目前，行业内重点企业已经建成覆盖物资供应链关键指标的数据分析模型，大数据可视化展示系统已经在部分企业实现落地。数据治理工作的开展使能源电力企业对物资供应链的数字运营管控能力得到显著提升，使物资管控与物资供应链经营以数据为准绳，以需求为导向，深挖物资供应链数据价值，从计划提报、采购物流、分配使用、危废管理等方面创新提效，进一步提升物资供应链的穿透式和精益化管理水平。更重要的是，数据治理工作对于深化物资供应链业务数据共享与挖掘，持续加强物资全生命周期管理具有重要意义，使物资管理部门通过准确的数据综合评价物耗、能耗指标，支撑高质量采购和绿色采购，实现更大程度的管理进步和能效提升。

# 3.3 能源电力行业智慧物资供应链转型困境

数字化转型通过智能化终端、网络化传输、智能化分析，初步形成集分析、监测、预警、决策、指挥调度于一体的数字化能源电力物资供应链雏形，使物资供应链各环节得到优化，推动物资供应链加速迈向智慧新阶段。然而，数字技术的广泛使用、信息的频繁流动及对业务协同的迫切需求也逐渐暴露出数字化转型中的一些新问题和新挑战。

## 3.3.1 智慧物资供应链隐私安全面临威胁

能源电力行业涉及发电设备参数、电力生产与调度信息等敏感数据，中心化的数据管理一旦发生网络窃听和攻击事件，这些敏感数据就面临泄露和丢失的风险。随着能源电力行业物资供应链数字化的逐步深入，将会有更多的数据产生，业务数据面临窃听、盗用等更加严峻的数据安全考验。业务数据作为一种新型生产要素，通过数据的开放共享提升数据资源价值。但是，数据的充分流动使数据变得不可控。例如，将海量多元的非涉密数据通过大数据关联分析，就可能挖掘出隐藏在非涉密数据背后的重要价值，这些数据被外部团体掌握并加以利用将会影响企业自身的利益。

大量的数字化终端和系统也增加了信息系统的脆弱性。未来物资供应链中将会部署大量的物联网终端进行数据的采集和关键参数监测。越来越多的企业经营数据、设备核心数据经由网络进行交互传输，黑客有了更多渠道进入内网窃取数据，传统的网络攻击正在向物联网和智能设备蔓延。随着网络技术发展，以及数字化转型与智能电厂建设，控制系统类产品越来越多采用各类协议实现互联互通，这无疑增加了企业内部与外界隔离的难度，来自网络的各类病毒、木马、恶意代码等网络攻击正不断困扰和冲击着能源电力企业的内部防线。

对数据隐私泄露的担忧导致企业间数据共享的意愿低迷。信息共享往往意味着企业的核心技术、成本状况等能够反映核心优势的数据在企业之间传递，给企业带来隐私数据泄露的困扰。尤其是在合作关系尚不稳固的情况下，供应商参与数据共享的意愿更加低迷。同时，企业之间一旦遭遇合作关系破裂，前期共享的数据会使自身陷入竞争劣势，进而使其缺乏数据共享的积极性。

## 3.3.2 信任问题阻碍多方协作与业务协同

实现多方协作和业务协同是构建智慧物资供应链的重要意义，但是实际情况中仍存在诸多因素阻碍物资供应链中的协同共享。

物资供应链是由物流、信息流、资金流、商流共同组成，并将行业内的供应商、制造商、分销商、配送中心、金融机构等串联在一起的复杂网链结构。同时，伴随分布式能源、终端用能电气化的增加，未来的能源电力物资供应链复杂化、多元化的趋势日益加深，物资供应链对安全、可信的需求不断提高，多方主体之间的互信问题亟待解决。传统的中心化管理模式无法满足海量业务协同与多方协作需求，这种管理模式仅关注企业自身，以及与企业有直接业务关系的企业，缺乏对物资工作的全局关注，造成物资供应工作缺乏统一性和系统性，灵活性较差。一旦其中一个企业节点出现问题，就会极大地影响其他节点企业的价值创造活动，从而给企业造成巨大的损失。

信任是物资供应链协同的重要影响因素。物资供应链作为一种新型的网络组织形态，各节点以信任为基础突破传统企业组织的有形界限，彼此之间建立合作关系。但是，现实情况中仍然存在多方面因素限制企业间的信任构建与传递，使物资供应链规模与协同成效出现负相关。同时，信任构建成本较高，物资供应链上企业间的信任构建以企业声誉、信息共享程度和合作历史为依据。不难发现，企业之间的信任构建需要耗费较高的时间成本。

### 3.3.3 零散建设的信息系统降低合作效率

物资供应链上企业数量越多，企业的合作范围越大，物资供应链结构就越复杂。物资供应链联盟中不同主体间的频繁交互对物资供应链信息系统提出了更高的要求。但是，当前物资供应链信息离散储存在不同的企业内，信息联通共享的成本高、范围小、速度慢，信息的真实性与可靠性均得不到保障。

物资供应链信息的透明度低会导致物资供应链上各参与主体难以相互信任，阻碍产品信息流通，从而影响物资供应链的整体决策效率和效果。物资供应链中交易信息的可靠性过低，会导致金融机构难以精准评估企业信用风险，阻碍物资供应链上中小型企业获取资金支持，从而限制供应链金融的发展。物资供应链中产品生产流通信息的缺失会导致政府监管部门在解决物资供应链主体纠纷和维护消费者权益时，需要耗费大量的人力、物力进行举证和追责，最终导致举证时间长、信息可靠性差，给物资供应链监管带来重重困难。

系统架构与数据形式之间存在的差异，导致物资供应链数字化转型过程中成本居高不下。目前，我国能源电力物资供应链各环节涉及众多各自独立的信息系统，系统架构与数据格式存在差异，不同系统间数据资源难以共享。此外，受管理体制等因素影响，企业间数据共享渠道尚未形成有效对接。

第 4 章

# 区块链技术发展与产业应用

　　经过多年实践打磨，区块链技术发展已经回归理性。目前，区块链中的加密算法、共识机制、跨链等核心技术持续优化，国家政策明确要求区块链赋能实体产业发展，区块链应用已经由最初的金融、数字货币扩展到采购、物流、制造、农业等多个行业。区块链已经成为赋能企业数字化转型、推动数字经济发展的关键技术。

# 4.1 区块链的诞生与演进

## 4.1.1 区块链技术的起源

区块链技术起源于 2008 年，一位化名为中本聪（Satoshi Nakamoto）的学者发表了名为"比特币：一种点对点的电子现金系统"的文章，创造性地提出了一种加密技术的电子货币系统，它融合了现代密码学和分布式网络技术等重要成果。2009 年初，比特币开源项目正式上线。比特币的诞生是区块链时代到来的标志，比特币的发展带动了其底层逻辑——区块链技术的蓬勃发展。虽然世界各国对比特币所持的态度不同，但对区块链技术普遍持积极态度，并将其应用到金融、政务、医疗、农业等众多领域的若干个细分场景中。区块链技术在商业应用中展现出构建底层信任的巨大潜力。

从狭义上说，区块链是一种将数据区块按时间顺序连接起来并形成链条结构的去中心化共享账本，链式结构及新区块的生成规则极大地提高了区块链中数据被篡改的成本。从广义上说，区块链是一种利用密码学、共识机制、点对点通信等技术构建"共识系统"和"自治社区"的思维范式。区块链数据存储与传统数据存储最大的不同在于，存储于区块链中的数据由所有节点共同维护，每个参与维护的节点都能获得一份完整记录。这有助于在脱离第三方信任的环境中建立信任。

## 4.1.2 区块链的发展历程

经过十多年的发展，与区块链相关的技术、规范、标准也在不断进步。区块链的发展可以划分为以下 4 个阶段，如图 4-1 所示。

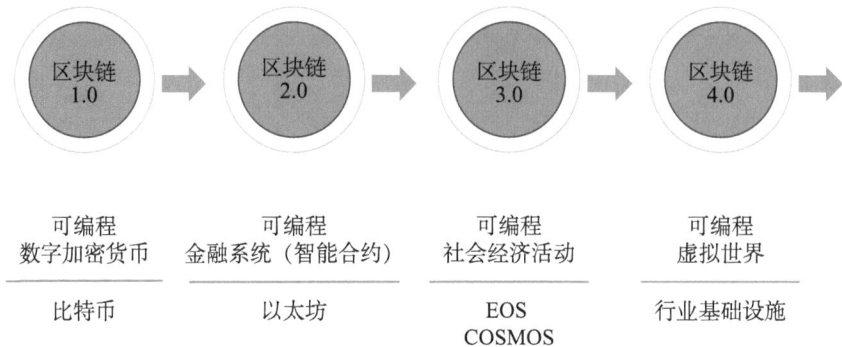

图 4-1　区块链的发展阶段

（1）区块链 1.0

区块链 1.0 以比特币为代表的加密数字货币为主要标志。比特币通过建立一个公开透明、去中心化、防篡改的账本系统，开展了大规模的加密数字货币试验。加密数字货币引发的热议吸引了人们对区块链技术的关注。区块链 1.0 阶段，技术关注点主要聚焦在如何实现货币和支付手段的去中心化，并衍生出多种数字货币。

（2）区块链 2.0

区块链 2.0 的重要标志是在区块链系统中引入了智能合约。针对区块链 1.0 存在的问题，使其能够支撑众筹、溯源等应用，区块链 2.0 支持用户自定义的业务逻辑，在区块链 1.0 的基础上引入了智能合约，使区块链的应用范围得到很大程度的扩展。区块链 2.0 阶段的典型代表是 2013 年启动的以太坊。以太坊最初来源于创始人维塔利克·布特林（Vitalik Buterin）发布的白皮书项目——Ethereum。以太坊内置了一个完全成熟的图灵完备的程序语言，可以使用编程语言创建"合约"，使用户可以创建满足自定义业务逻辑的操作。区块链 2.0 阶段通过将数字货币与智能合约结合，将区块链在单一货币领域应用扩大到涉及合约共识的其他金融领域，并率先在股权、债权、清算等金融领域崭露头角。

（3）区块链 3.0

区块链 3.0 以"可编程社会"为主要特征。在这个阶段，"区块链 +"将为数字经济发展带来巨大的变革与机遇。行业内更加关注利用区块链技术的数据可信存证、数据加密、数据点对点传输的技术特点解决各行业的信任问题。区块链在此阶段被视为底层可信基础设施赋能千行百业，从而推动信息互联网向价值互联网转变。

目前，全球范围内的区块链应用在金融、政务、供应链、存证、溯源、版权保护等十几个领域都有了成功案例，区块链应用从探索阶段进入应用实践阶段。区块链技术使企业间、行业间实现互信，不再依靠第三方做媒介，提高了整个行业的运转效率。

（4）区块链 4.0

区块链 4.0 是基于共享、共建、共赢的理念，通过区块链基础设施打造可编程虚拟世界，更加关注物理世界与数字世界之间资产权益映射与价值转移。不同于区块链 3.0 阶段注重打造行业应用场景，区块链 4.0 旨在为全球活动建立一种新型的、可信任的、无技术门槛的共享型社会协同模式，人们真正能实现资产和价值在虚拟空间上链，在底层框架内构筑各式各样的应用，打造一个无信任成本、具备超强交易能力、风险极低的平台，用于促进多领域的大规模协作。

区块链 4.0 的未来演进方向可以概括为三个方面：一是现有区块链核心

技术的优化，包括满足抗量子攻击的加密算法，更加适用于节点接入的网络通信协议，满足高吞吐量、高处理效率的底层数据结构及更高效的分布式共识机制；二是多链并行与跨链交易技术的完善，以此实现基于区块链的万物互联；三是模块化组合，为用户提供便捷式功能组装与筛选，通过软件开发工具包（Software Development Kit，SDK）自定义模块功能，或者通过编写智能合约支撑复杂业务场景。

## 4.1.3　区块链的分类

根据区块链去中心化程度的不同，区块链可以分成三类：公有链、联盟链和私有链。

（1）公有链

公有链通常是指无官方组织或中心机构，无中心服务器，全世界任何人、任何节点都能够按照系统规则自由接入网络，参与交易和共识的区块链。在公有链中，数据的存储、更新、维护、操作都不再依赖一个中心化的服务器，公有链通过分布式数据存储、加密算法、共识算法在多方之间保障数据难以被篡改、达成交易共识，在互为陌生的网络环境中建立互信，形成去中心化的信任机制。公有链中的数据由网络中的节点共同记录维护，公有链中的节点无须公开身份，匿名性有利于保护节点隐私。公有链是最开放、去中心化程度最高的区块链类型，适用于加密数字货币、面向大众的电子商务、互联网金融等应用场景。公有链的典型代表是比特币和以太坊。

（2）联盟链

联盟链是一种参与节点需要注册申请、身份认证、获得加入许可的区块链，仅限于联盟成员参与。联盟链能够提供成员的管理、认证、授权、监控、审计等全套安全管理功能。通常情况下，联盟链开放的范围有限。联盟链内部指定多个预选节点作为记账人，每个块的生成由所有的预选节点共同决定，其他接入节点可以参与交易，但不参与记账过程。第三方组织或机构可以通过联盟链应用程序接口（Application Programming Interface，API）进行限定查询。联盟链的准入机制能够限制节点数量，进而降低维护成本、提高区块链的验证效率和交易性能，并且数据可保持一定的隐私性。联盟链的典型代表是 Hyperledger 项目。

（3）私有链

私有链一般是指建立在某个企业或私有组织内部的区块链系统。私有链记账权仅由企业或私有组织使用，而且只有被授权的节点才可以参与并查看区块链数据。私有链的运行规则根据该企业或私有组织的具体要求进行设定。私有链具有完全私有、交易速度快、保护隐私、交易成本低等特点。通常情况下，私有链的使用群体只是将区块链作为一种安全系数更高的数据库来使用，以提高数据的可审计性。

# 4.2 区块链的核心技术

## 4.2.1 区块链的数据结构

本节通过比特币中的数据存储方式介绍区块链的数据结构。区块链中的区块结构分为区块头和区块体两部分，如图 4-2 所示。

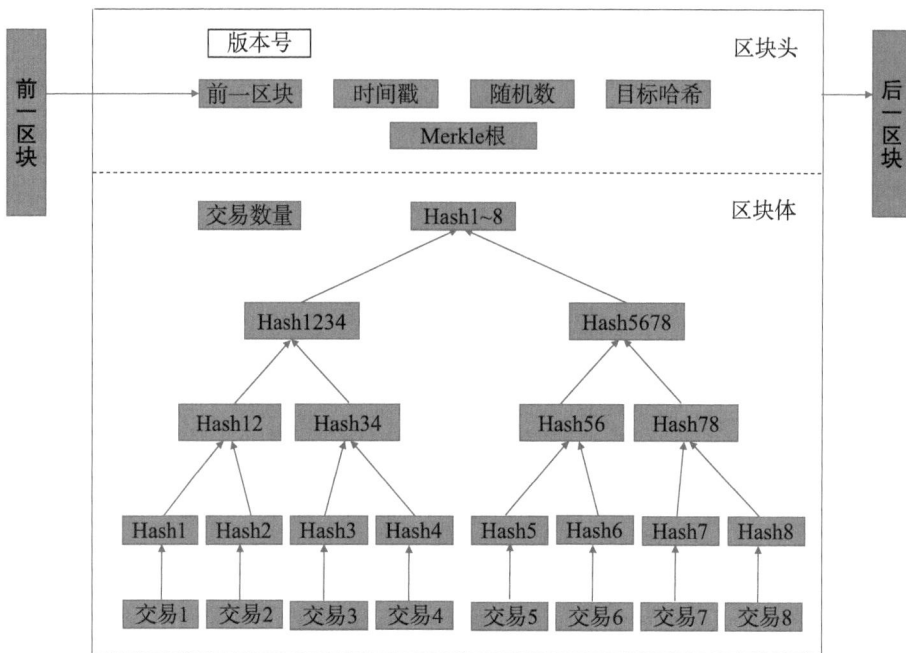

**图 4-2　区块链数据结构示意图**

其中，区块头中存储的信息包含版本号、上一个区块的哈希值（PreHash）、本区块的哈希值（Hash）、时间戳（Time Stamp）及工作量参数等；区块体主要存储该区块的详细交易信息，包括交易数量和交易数据。每个区块中有前一个区块的哈希指针，如果链上某个数据被修改，被修改的区块及之后的区块链中记录的哈希值都会发生连锁反应，可以有效避免区块中的交易信息被篡改。

在比特币中，交易被存储为默克尔树（Merkle Tree）的形式。默克尔树是一个由加密哈希组成的二叉树，用于高效验证大数据集的完整性，叶子结点中存储数据或其哈希值，非叶子节点中存储的是子节点哈希值。根据默克尔树的自下而上哈希验证的特点，只要底层数据有变动，父节点的哈希值就会变化，这种变化会逐级传递到树根。

## 4.2.2　密码学与安全技术

密码学技术是区块链的基石，主要有哈希算法、对称加密与非对称加密、同态加密等。区块链安全技术不只关注信息保密问题，同时还涉及信息完整性验证、信息发布的不可抵赖性，以及在分布式计算中来源于内部和外部的所有信息安全问题。区块链中涉及的安全技术包括数字签名、数字证书、匿名通信技术等。

（1）哈希算法

哈希算法又称为散列算法，可以将任意长度的输入信息转换为固定长度的信息。哈希算法具有单向性、防碰撞特性。其中，单向性指哈希算法是一种单向密码体制，即给定明文和哈希算法，可以快速计算出哈希值，但是逆向求解难度极高；防碰撞特性是指两个不同的输入值经过哈希运算后，结果必然不同。哈希算法的上述特征使它可以为消息或数据生成摘要或指纹。目前流行的哈希算法包括 MD5、SHA、SHA-1、RIPE-MD、HAVAL、N-Hash、Tiger 等。

在区块链中，对区块头进行哈希计算，得出某个区块的哈希值，用这个哈希值可以唯一确定某一个区块，相当于给区块设定了一个数字认证身份号码，而区块与区块之间就是通过这个身份号码进行串联，形成了一个区块链的结构。依托这种链式的区块结构，区块链上的数据具备防篡改的特性。

（2）对称加密与非对称加密

对称加密又称为单密钥加密，是利用一个密钥对明文进行运算得到一个密文，使用同样的密钥作为解密算法的输入对密文进行解密即可得到原文。

非对称加密也称为公开密钥加密，它需要公开密钥和私有密钥两个密钥，公钥可以对外公开发布，私钥由用户自行保管。非对称加密中的公钥与对应的私钥需要配合使用。例如，公钥加密、私钥解密，或者私钥加密、公钥解密。其加密工作原理如图 4-3 所示。公钥 X 与私钥 O 互为一对密钥，使用密钥 X 对明文 A 通过加密方法 p 进行加密，转换为密文 B。解密过程使用私钥 O 通过解密方法 q 进行解密，转换成明文 A。

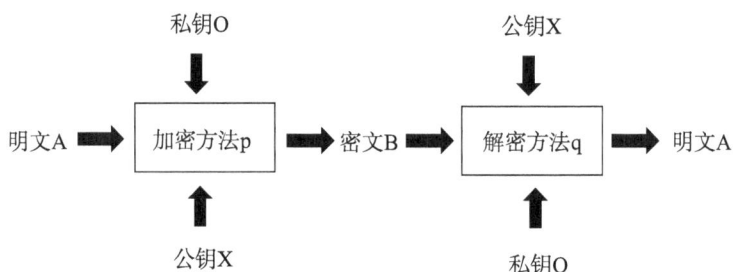

图 4-3　非对称加密算法的工作原理

非对称加密的优势在于安全性高、管理相对简单。加密和解密能力分开，私钥不能由公钥推导出来，适合应用于公共网络实现保密通信；私钥由用户自行保存，降低了保密管理的复杂度。

（3）同态加密

同态加密（Homomorphic Encryption，HE）是一种特殊的加密方法，使对密文直接进行处理得到的结果与对明文进行处理再加密得到的结果相同。同态加密能够保障公有区块链数据的隐私安全，达到与私有区块链一样的隐私效果。同态加密技术同样允许随时访问公有区块链上的加密数据，以方便进行审计或用于其他目的。使用同态加密技术，运行在区块链上的智能合约可以处理密文，而无法获知真实数据，这样能够大幅提高数据的隐私安全。

利用同态加密处理数据的整个过程如图 4-4 所示。

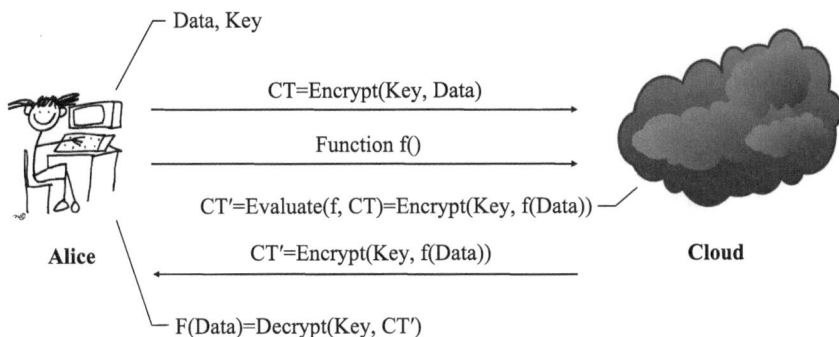

图 4-4　同态加密运行原理

① Alice 对数据进行加密，并把加密后的数据发送给 Cloud。

② Alice 向 Cloud 提交数据的处理方法，这里用函数 f 表示。

③ Cloud 在函数 f 下对数据进行处理，并且将处理后的结果发送给 Alice。

④ Alice 对数据进行解密，得到结果。

（4）数字签名

数字签名是附加在数据单元上的一些数据或数据单元的密码转换。数据的接收者能够利用数字签名确认数据的来源和完整性，防止数据被外界篡改。常用的签名算法包括数字签名算法（Digital Signature Algorithm，DSA）和安全强度更高的椭圆曲线数字签名算法（Elliptic Curve Digital Signature Algorithm，ECDSA）等。针对一些有特定安全需求的场景（如电子选举、电子商务等），产生了盲签名、多重签名、群签名、环签名等特殊的数字签名技术。数字签名的过程如图 4-5 所示。

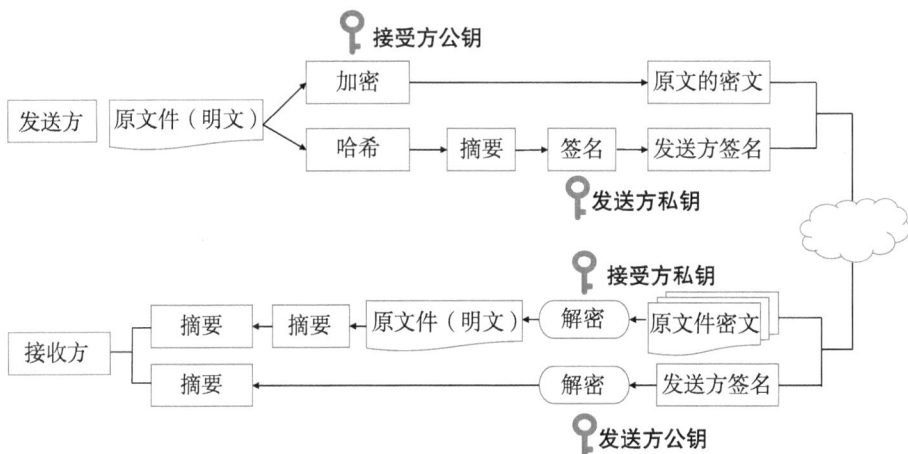

**图 4-5　数字签名过程**

① 将需要发送的数据通过接收方的公钥进行加密生成密文，经过哈希计算生成摘要。

② 摘要通过发送方的私钥进行签名。

③ 发送方将原数据的密文和发送方的签名生成待发送的数据包，发送给接收方。

④ 接收方收到数据包后使用发送方的公钥解密签名，获得摘要。

⑤ 接收方使用自己的私钥对密文解密，通过哈希计算得到摘要。

⑥ 将解密原数据密文摘要和解密发送方签名摘要进行对比，若一致，则认为摘要是正确的。

数字签名技术已成为区块链保障安全的关键技术。区块链的数字签名就是交易的转出方生成一段防伪造的字符串，通过验证该字符串，一方面证明该交易是转出方发起的，另一方面证明交易信息在传输中没有被更改。

（5）数字证书

数字证书是区块链中用于标识各个节点身份信息的一串数字，用于证明公钥的归属及内容信息的合法性。与我们日常生活中个人的身份证和司机的驾驶证类似，可视为物理实体在网络中的身份证。

对于非对称加密算法和数字签名来说，公钥的分发至关重要。如果公钥的安全性遭到破坏，那么整个安全体系都会遭受很大程度的负面影响。为确保公钥的真实性，就需要数字证书机制，由认证机构（Certification Authority，CA）签发。

（6）匿名通信技术

在区块链中，尤其公链具有很高的透明性，链上用户的账户、余额及交易详情等信息都是公开的，如果任何人都可基于用户名查看到该用户的所有交易，将导致用户隐私完全暴露。因此，区块链中使用匿名通信技术为用户的隐私提供安全保障。

匿名通信技术是指通过一定的方法隐藏业务流中通信实体的网络地址、实体间的通信关系等隐私信息，使攻击者无法直接获知或推测双方的通信关系或通信一方的身份。经典的匿名通信模型有基于广播和多播技术的匿名模型、基于 mix 的匿名模型、基于 P2P 的匿名模型、基于叠加发送的匿名模型及基于简单代理的匿名模型。

匿名通信技术的不同模型有不同的特点。基于广播和多播技术的匿名模型系统里，广播 / 组播成员数量越多，匿名性越好。基于 mix 的匿名模型采用了很强的加密机制，除网络出口节点以外的节点都不会知道消息接收者的信息和传输的内容。因此，对于系统中的成员可以提供很强的匿名保障，通过使用数字证书对 mix 主机认证，可阻止恶意主机加入。基于 P2P 的匿名模型具有较好的可扩展性，节点间负载均衡，不会出现单点失效的问题。基于叠加发送的匿名模型是唯一一个在没有可信团体的情况下能够提供可证明安全性的系统。

## 4.2.3　共识算法

区块链系统是由多个节点通过异步通信方式组成的网络集群，节点之间需要进行状态复制以保证主机就网络状态达成一致。因此，区块链必须解决分布式场景下各节点达成一致性的问题。共识算法则可以用于保证系统中不同节点数据在不同场景下的一致性和正确性。

共识算法主要可以分为两大类。一类是用于公链场景的共识算法，主要包括工作量证明算法（Proof of Work，PoW）、股权证明算法（Proof of Stake，PoS）和委托权益证明算法（Delegated Proof of Stake，DPoS）。例如，比特币采用求解 Hash256 数学难题的方式，即 PoW 算法，保证账本数据在全网中形成正确、一致的共识。另一类是用于联盟链场景的共识算法，主要包括实用拜占庭容错算法（Practical Byzantine Fault Tolerance，PBFT）和授权拜占庭容错算法（Delegated Byzantine Fault Tolerance，DBFT）等，此外还有一些其他共识算法，如 Paxos、Raft 等。

（1）PoX 系列算法

PoX 系列算法包括 PoW、PoS、DPoS 等。

① PoW

PoW 通过以一定的工作量作为证明来验证，由亚当·贝克（Adam Back）在 1997 年发明，最初在哈希现金（Hash Cash）中用于抵抗邮件的拒绝服务攻击及垃圾邮件网关滥用。2008 年，中本聪创造性地将 PoW 算法整合进比特币技术体系中，要求发起者进行一定量的运算，即需要消耗计算机的一定时间，寻找特定的数字使区块满足要求，通过分布式节点的算力竞争保证数据的一致性和共识的安全性。参与节点收集新产生的交易记录，包括版本号、前一区块哈希值、Merkle 根、时间戳等，尝试搜索一个特定的随机数（Nonce），使区块头数据的哈希值小于或等于目标哈希值。此时，该节点便可全网广播该区块。区块的平均生成时间为 10 分钟，生成难度由全网算力决定。当出现两个及以上节点同时完成验证时，其他节点选取其中一个区块向后排列，则成长最快的链将成为最长和最值得信任的链。

PoW 自 2009 年在比特币上得到测试后，被后续的大量公链采用，是目前最常见的共识算法之一。PoW 允许任何参与系统的用户自由成为节点或退出网络，且节点间权利平等，按照少数服从多数原则，彼此无须交换额外信息便可达成共识。因此，PoW 的优点是高度去中心化，达成共识状态的方式简单；缺点是由于采用算力证明的方式，共识达成阈值为总算力的 50%，当某个节点的算力超过该值时便可能影响整个系统的安全性。

② PoS

PoS 最早在 2013 年被提出，并在点点币（Peercoin）系统中实现，类似传统金融中的权益证明，记账权由最高权益的节点获得，而非最高算力的节点。权益对应节点对于特定数量的货币所有权，又称币龄。币龄等于货币数量乘以货币持有时间。PoS 中共识难度与输入的币龄成反比，消耗币龄越多，则越易完成认证，越有可能成为记账节点。累计消耗币龄最多的区块将被加入主链。

PoS 是对 PoW 的改进，使用权益量替代计算量，记账权的所有者由最高算力所有者转变为最高权益所有者。其优点在于有效地避免了因算力竞争而造成的资源过度消耗问题，并且节点间的信息传递更平滑和高效。其缺点也是显而易见的，获得记账权的概率与权益数量成正比将会导致"富者愈富"的情况出现；当某个节点的权益数量超过 50% 时，依然会因掌握超过半数的决策权而对系统安全产生影响。

③ DPoS

DPoS 由丹·拉里默（Dan Larimer）提出，并在比特股（Bit Shares）项目中首次应用。DPoS 的基本思路类似"董事会决议"过程，区块链系统中的每个节点以其持有的权益作为投票权，选举一个代表，获得票数最多且有意愿成为代表的节点作为达成共识的决策者或记账人。该算法中，每个节点均可自主决定其信任的授权节点，并由授权节点轮流记账生成新的区块。

④ 权益流通证明（Proof of Stake Velocity，PoSV）

PoSV 是作为 PoS 的一种替代方法。由于在 PoS 中币龄受到货币数量和持币时间的影响，会出现节点大量囤币的现象。PoSV 通过将持币时间由线性函数改为指数衰减函数，使时间的影响力逐渐衰减，从而在一定程度上规避囤币现象，进而促进权益的流通。

⑤ 权益证明租赁（Lease Proof of Stake，LPoS）

LPoS 在 2017 年由波币 ① 提出并应用。由于网络安全度与参与节点数量成正相关，LPoS 通过允许代币持有者将其余额租赁给节点来实现弱节点的验证参与。代币的使用权依然属于原持有人，但代币在租赁过程中被锁定，无法进行转移或交易，租赁到期后解除锁定的代币。

---

① 波币：一个致力于实现可定制代币发行、去中心化交易的公有区块链开放平台。

（2）拜占庭容错算法

① PBFT

PBFT 是首个可以在实际应用场景中相对高效地解决拜占庭将军问题 [①]
的 BFT 算法，由米格尔·卡斯特罗（Miguel Castro）和芭芭拉·利斯科夫
（Barbara Liskov）在 1999 年提出。这是一种状态机副本复制算法，状态机在
分布式系统的不同节点中进行副本复制，副本既保存了服务状态，同时也实
现了服务操作。PBFT 在异步通信的环境下，可以容忍小于 1/3 的无效或恶
意节点。PBFT 通常采用较少的（少于 20 个）的预定节点数量，因此运行非
常高效，常用于私有链或联盟链中。

② DBFT

DBFT 是一种通过代理投票实现大规模节点参与共识的拜占庭容错共识
算法。其类似 DPoS 算法，该算法在选举出的代表之间使用 BFT 达成共识，
形成新的区块。DBFT 中加入了数字身份技术，参与共识的代表是经过实名
认证的真实机构或个人，数字身份技术对提升整体网络的安全性有极其重要
的作用。

（3）Paxos 算法

Paxos 算法是由兰伯特（Lamport）提出的一种具有高度容错特性的一致
性算法。在 Paxos 算法中，存在提议人（Proposer）、批准人（Acceptor）和
学习者（Learner）三个角色。Paxos 算法的基本流程分为两个阶段：首先，
提议人需要争取到提案的权利，即得到大多数批准人的支持；其次，提议人

---

① 拜占庭将军问题：由莱斯利·兰伯特提出的点对点通信中的基本问题，其含义是在存在消息丢失的不
可靠信道上试图通过消息传递的方式达到一致性是不可能的。

得到提案权利后将提案发送给所有人确认，得到大部分人确认的提案成为获批准的提案，即该提案获得共识。

（4）Raft 算法

Raft 算法由斯坦福教授迭戈·昂加尔（Diego Ongaro）与约翰·奥斯特侯特（John Ousterhout）于 2014 年提出，是 Paxos 算法的简化版，但运行效率基本相同。它将共识问题分解为两个子问题，分别是领导者选举和日志复制。

在领导者选举过程中，Raft 算法将节点分为三类角色，分别是领导者、候选领导者和跟随者。当区块链节点启动时，这些节点都是跟随者，等待接收来自领导者的指令。如果跟随者在一定时间内没有接收到领导者的指令，它们就会成为候选者，并向其他节点发送选举请求。如果候选者收到了大多数节点的投票，则成为新的领导者。

在日志复制过程中，由领导者接收来自客户端的请求，并将这些请求写入日志。一旦日志中的记录被提交，就意味着该操作被所有节点接受。领导者通过向其他节点发送日志条目来复制日志。其他节点在接收到领导者的日志条目后，将其附加到自己的日志中。为了保持一致性，Raft 算法提供了几种安全性机制。例如，每个日志条目都有一个唯一的编号，节点只能按照日志条目的顺序应用它们。此外，Raft 算法还使用随机定时器，防止选举冲突和提高容错性。

## 4.2.4　智能合约

智能合约是一种以信息化方式传播、验证或执行合同的计算机协议，其允许在没有第三方的情况下进行可信交易。这些交易可追踪，且不可逆转。智能合约在区块链中的应用起始于区块链 2.0 阶段。该阶段推出的区块链项目允许区块链节点在资产交易时触发、执行智能合约程序，实现传统合约的自动化处理。智能合约的引入使区块链应用更具便捷性和拓展性，其优势主要体现在以下方面。

（1）去中心化信任

区块链技术的发展为互联网及其衍生行业快速建立信任创造了条件。而作为区块链关键技术的智能合约不需要中心化的权威仲裁合约是否按规定执行，合约的监督和仲裁都由计算机完成。同时，合约内容公开透明且不可篡改，交易者基于对代码的信任、在不熟悉的环境中依然可以安全地进行交易。

（2）无须第三方仲裁

智能合约在任何情况下都不会在执行协议时表现出偏见，在传统合同中扮演重要角色的"第三方"将不再必要。

（3）安全、高效

智能合约在执行的过程中不需要第三方权威或中心化代理服务机构的参与，能够有效地提高用户交易的效率。基于区块链技术的不可篡改性，智能合约的所有条款都能得到完整执行，同时还能为审计人员提供合约执行的过程数据，为审计和合规性审查提供便利。

智能合约的工作过程可以分为五个部分。

（1）智能合约的创建

智能合约由多个用户共同参与制定，可用于执行用户之间的交易行为。在明确各参与方的权利和义务之后，代码开发人员基于权利和义务设置触发合约自动执行的条件，并以计算机语言的形式进行编程。

（2）智能合约的存储

开发人员在完成智能合约的创建后，将其上传至区块链网络。同时，该智能合约将会通过 P2P 的方式在区块链网络中广播。在共识时间确定之后，验证节点会把内存中保存的合约打包成合约集合，计算出合约集合的哈希值，将其组装成一个区块并广播至全网。其他验证节点收到该区块后将里面包含的合约集合的哈希取出来，与自己保存的合约集合进行比较，同时发送一份自己认可的合约集合给其他验证节点。通过多轮次的广播和验证，所有验证节点最终在规定的时间内对最新的合约集合达成一致。

（3）智能合约的审计

智能合约审计就是仔细研究代码的过程，包括业务逻辑安全审计、源代码安全审计、编译环境审计及相关的应急响应审计。审计手段包括开展代码函数可见性审核、调用栈耗尽审核、拒绝服务审核等测试分析。智能合约审计人员发现智能合约漏洞后应及时反馈，保证检查和修复智能合约源代码。

（4）智能合约的执行

智能合约会定期检查是否存在相关事务触发合约执行条件，将满足条件的事务推送到待验证的队列中等待共识；未满足触发条件的事务将继续存放在区块链上。进入最新轮验证的事务首先进行签名验证，确保事务的有效性。通过验证的事务会进入待共识集合，等大多数验证节点达成共识后，事务会成功执行，同时将事务执行结果通知用户。当合约包括的所有事务都按顺序执行完毕，智能合约会把状态标记为"完成"，并从最新的区块中移除该合约。整个事务和状态的处理都由区块链底层内置的智能合约系统自动完成，全程透明，不可篡改。

（5）智能合约的废止

智能合约废止是废弃已部署的智能合约的过程。智能合约废止后，区块链网络中仍保存被废止的智能合约代码。该过程不可逆，智能合约一旦废止，就不能再次被启动执行。

## 4.2.5　性能提升技术

（1）跨链技术

随着区块链底层平台的多样化发展及区块链项目数量的快速增长，跨链通信和数据交互日益重要，多链并行、跨链互通逐渐成为未来的发展趋势。如何提升区块链的可扩展性和执行效率，保证跨区块链网络间的数据一致性成为跨链技术的发展重点。

跨链泛指两个或多个区块链上的资产和数据通过特定的协议或机制互相转移、传递和交换的技术。跨链分为同构链的跨链和异构链的跨链。同构链的跨链交互在实现上相对容易。异构链的跨链技术实现难度较大，成熟度较低。目前，主流的跨链技术有公证人机制、侧链/中继、哈希锁定、分布式私钥控制等。总体来说，跨链技术仍不完善，现有的跨链技术主要致力于解决可用性问题，对于跨链易用性、可扩展性及安全性的研究还有待深入。基于区块链跨链需求，以及跨链技术现状分析，未来跨链技术的重点发展方向包括加快交易速度、减轻主链负担、发展多链并行处理计算、支持海量交易、提升安全性和加强隐私保护等。

（2）分片技术

分片技术本身是一种传统数据库技术，此前主要用于将大型数据库分成更小、更快、更容易管理的数据碎片。在区块链中，可将区块链网络进行"分片"处理。在每一个分片网络范围内运行共识协议，完成交易或事务的验证和处理。分片技术将全网共识转变为局部共识，计算冗余量大大降低，共识效率得到提升。目前正在探索的分片技术主要有网络分片、交易分片和状态分片三类。

网络分片是利用随机函数随机抽取节点形成分片，它是交易分片和状态分片的基础。交易分片的主要思想是将全网交易划分到不同的分片中验证和打包，全网多个分片可以同时验证不同的交易，通过并行处理提升全网的交易处理性能。状态分片是将完整的账本信息分别存储到各个分片中，各节点不再存储完整的区块链状态信息，每个分片各自维护部分账本信息。

## 4.3　区块链的应用价值

### 4.3.1　区块链保障数据安全流通

数据具有流通性。就像其他一切有价值物一样，数据能够在组织或个人之间流通。数据流通的方式包括共享、开放、交易、聚合等，这些方式主要受到双方的契约或强制性法律规定约束。共享在本质上是让渡、分享其数据的价值，往往发生在社会组织、政府部门的数据流转行为中。开放一般出现在拥有社会属性的组织中。例如，政府数据公开就是政府将数据资源提供给广大社会团体和个人使用，以使数据资产发挥更大的功能。而交易和聚合则更多考量商业利益，一般发生在数据交易市场。数据交易使数据由资源升级为资产。

（1）区块链保护隐私数据安全

区块链的加密算法可以实现用户身份和用户交易数据的分离。数据上链之前可以对用户的身份信息进行哈希计算，将得到的哈希值作为该用户的唯一标识。链上保存的是用户的哈希值，并不是用户的真实身份信息。由于区块链的不可逆性，所有人不能通过哈希值还原用户的姓名、电话等个人隐私数据，可以有效地保护用户隐私。

在数据的获取、使用和审计等方面，任何个人和组织访问用户隐私数据时都需要获得该用户的授权。其他个人和机构获得授权后，才能对数据进行访问和使用，并且任何访问和授权都会有可审计的记录。在未获得用户授权时，机构不得共享用户的数据。应用零知识证明等技术，还可以实现数据的关联关系验证，在保证数据隐私的同时实现数据共享。因此，区块链有利于解决目前信息化应用突出的隐私保护和授权访问问题。

（2）区块链增强数据的存储和流通安全

在数据存储方面，区块链分布式账本技术将完整的账本存储在多个节点，降低了服务器单点故障带来的数据丢失、数据被篡改的风险。区块链中的数据区块经过多个节点共识后形成，保障了区块链中数据的一致性。

在数据流通方面，区块链利用密钥对数据进行加密存储。这意味着用户想要访问数据，就必须提供私钥。私钥具有很强的安全性，几乎无法被暴力破解。同时，区块链可以实现操作留痕，交易双方之间的任何活动都可以被追踪和查询，更便于约束数据流通场景中各方主体的违规行为。

## 4.3.2　区块链实现数据可确权

数据已成为国家基础性战略资源，但目前规范数据市场交易秩序的数据产权制度依旧有待完善。数据确权是大数据应用和数据产业发展必须解决的核心问题之一，其主要目的是以法律形式明确数据的产权归属问题，从而规范数据采集、传输和交易等流程，加速数据开放、共享与流通，推动数据资源的整合和利用，激发大数据及其相关产业的活力，促进数据产业快速发展。

数据确权就是确定数据的权利人，该权利包括所有权、使用权、收益权等。我们可以从两个层面进行理解：一是从权利层面，数据确权就是明确了数据所有权、使用权、收益权的主体；二是从义务层面，数据确权也规定了数据使用者在数据安全、数据完整性与真实性等方面的责任。从商业角度看，数据确权就是明确商业活动中数据交易相关方的权利、责任及其相互关系，规范数据的权利主体、来源、获取时间、使用期限、使用方式、交易方式，从而保护数据交易各方的合法权益、确保商业活动顺利进行。

数据确权需要关注三个方面：一是数据所有权的认定；二是重要数据的溯源；三是数据的隐私保护。

利用区块链技术，以上三个问题都可以得到很好的解决。首先，区块链技术拥有分布式的共享账本，数据上链即可完成数据确权。多个节点共同保存数据确权信息，谁都无法随意修改。一旦发生侵犯数据所有权的情况，受侵犯的权益主体可以通过区块链上的信息完成快速举证，维护自身权益。其次，区块链技术可以记录数据从产生、传输、流转到交易的全生命周期信息，清晰反映数据权益的归属，保障数据交易参与方的权益。最后，区块链中的哈希算法、加密及电子签名技术将用户隐私数据转化为密文，不泄露原始数据。

## 4.3.3　区块链建立可信协作新模式

区块链去中心化、数据不可篡改、可追溯等特征使区块链成为信任机器，从而有助于商业活动去中介化，实现商业组织形态重构。区块链改变了传统协同主体间信息单向传递的模式，使信息沟通方式更加扁平化，成为多节点、高复杂度的多主体间实现信息高效沟通、开展商业协作的必要技术手段。

区块链技术能够重构传统企业或机构的产业活动形式，重新分配生产者、消费者、参与者的利益关系。此外，基于区块链共识机制和智能合约构建的可信交易可以实现个体与个体之间的大规模协作、自主治理，最终形成全新的社会协作方式和商业模式，甚至推动生产关系变革。

### 4.3.4　区块链推动社会运行规则变革

曾经在很长一段时间里，股份制是很先进的社会运行规则，它能把彼此陌生但目标趋同的人们团结到一起达成协作。在 500 年前的大航海时代，西班牙人、葡萄牙人、英国人都要坐船出去冒险，可是单个人很难凑到那么多钱，于是大家就一起来凑，成立股份制公司，每次出海探险回来后按照当初约定的股份比例分配利润。因此，在当时的背景下，股份制近乎完美地解决了合作者之间信任、协作、分配的关系。

但是，如今社会生产力水平已经发生了巨大变化，股份制作为一种在大航海时代发展出来的协作规则沿用至今，已经开始暴露出诸多无法掩盖的弊端。在股份制下，人们建立协作规则的首要目标是追求利润。企业只对股东赚取利润负责，市场把利润作为评估企业的唯一标尺，这使生产主体与消费主体之间的矛盾越发不可调和。

区块链的意义在于它带给人们构建一种全新的社会运行规则的可能。区块链能够重构信用体系，打通信用信息之间的孤岛，有效防范社会信用信息篡改、泄密等行径；重构合作模式，让不同的组织在没有第三方中介机构背书的情况下达成合作。

# 4.4 区块链产业应用现状

## 4.4.1 区块链政策加速产业应用蓬勃发展

2019 年 10 月 24 日，习近平总书记在中央政治局第十八次集体学习上做出"把区块链作为核心技术自主创新的重要突破口"的指示，区块链由此上升为国家战略，步入快速发展期。近几年，"区块链"这个关键词频繁出现在"政府工作报告""新基建""数字经济"等政策文件中。结合目前的政策发布情况来看，我国积极推动"区块链＋行业应用"发展，区块链与数字技术融合不断优化区块链应用成效，推动产业应用创新发展，形成了自上至下的、完善的、"国家—地方"多级联动的政策体系。

（1）国家层面将区块链作为新型基础设施

2020 年 4 月，国家发改委首次明确新型基础设施的范围，将区块链纳入其中。新型基础设施是以新发展理念为引领，以技术创新为驱动，以信息网络为基础，面向高质量发展需要，提供数字转型、智能升级、融合创新等服务的基础设施体系，它包括信息基础设施、融合基础设施、创新基础设施三个方面，其中区块链被定义为信息基础设施。2021 年，国家"十四五"规划和 2035 年远景目标纲要将区块链列入七大数字经济重点产业，这标志着区块链已成为未来我国发展数字经济不可缺少的基础设施。

政策支持区块链技术的基础层、中间协议层、应用服务层，以及底层技术开发、平台建设（联盟链和 BaaS 等）、安全防护等创新发展，鼓励逐步形成完整的区块链软硬件核心产业生态链。2022 年 1 月，中央网信办等十六部门联合公布国家区块链创新应用试点名单，试点范围涵盖"区块链＋制造""区块链＋能源""区块链＋政务服务"等 16 个特色领域。这将加快区块链技术与其他"新基建"的深度融合，推动数字经济趋势下产业数字化平台的建设，催生一批"区块链＋物联网""区块链＋工业互联网"等技术融合平台。

（2）国家超前布局区块链在多领域发展

多个政策积极推动探索"区块链＋"模式，支持区块链在金融、政务、农业、医疗等领域的创新应用。2022 年，党中央、国务院多次发布区块链相关政策，强调要充分运用区块链等现代技术，深度融合行业特色，构建现代信息技术平台，整合优化行业资源，探索行业数字化新场景，开展区块链创新应用试点工作，推进区块链等试点应用的落地，加快培育新型数字产业。

在各项政策及工作要求中，与产业融合有关的场景基本均有提及区块链。例如，在政务服务领域，政策积极推动"区块链＋政务服务""区块链＋政务数据共享""区块链＋电子证照""区块链＋电子税票"等场景应用创新，积极应用区块链技术推动数据可追溯上链、数据互联互通，满足企业和群众多层次、多样化的需求；在金融领域，政策鼓励贸易金融区块链服务监管平台建设，积极探索区块链技术在供应链金融、贸易金融、交易清算、征信等金融场景的安全应用；在农业领域，政策提出依托区块链等新一代信息技术开展国家数字乡村试点，发展智慧农业，推动物联网、大数据、人工智能、区块链等新一代信息技术与农业生产经营深度融合。

（3）促进区块链与其他信息技术融合

区块链与物联网、人工智能、工业互联网等信息技术相融合，促进更多新应用的诞生。

① 区块链 + 物联网

区块链保证了链上数据的安全可信、不可篡改，但无法保证数据上链之前的真实性。物联网设备则为保障数据上链前的真实性提供了有效手段。利用区块链为物联网终端建立身份标识，明确数据权属，并提供分布式的数据价值交换的基础环境，实现数据源头的可信保障，有助于解决传统物联网系统存在的计算能力受限、设备接入不安全、个人隐私易泄露、多主体协作难达成等痛点难题。例如，在物流场景中，使用 GPS 定位技术将货物的位置实时记录上链，可以杜绝物流信息造假；在产品溯源场景中，农产品、食品药品流通过程可以利用电子围栏、摄像头、RFID 等物联网设备实时采集数据，并将其记录在区块链中，进而实现产品流通的精细化管理及质量全程追溯。

② 区块链 + 人工智能

人工智能可以使区块链应用更加智能，提升区块链应用效果。例如，在版权存证中，通过融合图像智能识别、智能搜索等人工智能技术使盗版更容易被识别和追踪，可以极大地提升维权效率，创新面向音乐、视频等数字产品的版权侵权检测、维权的应用服务；在艺术品交易中，可利用人工智能技术开展艺术品鉴定，实现对艺术品材料层面的检测，提高鉴定的效率和精确度。

③ 区块链 + 工业互联网

随着工业互联网连接规模变大，端到端的连接和交易也将更频繁。通过区块链将产业链上下游的数据上链，促进工业企业之间、工业互联网平台之间的互信和价值共享，赋能工业安全、生产协同、信息共享、资源融合、柔性监管。以工业安全为例，区块链技术能够在机器、车间、企业之间建立可信互联，筑牢多方协作基础，通过全节点备份为存储的数据提供快速恢复的能力，降低网络攻击、突发灾害对工业互联网平台运行的影响程度，降低业务风险。

（4）多省市出台政策扶持区块链应用实践

当前，各省、直辖市、自治区地方政府结合各地特色和已有数字化基础已经制定了发展规划，并且出台了专项及配套政策支持区块链产业发展。2022 年，全国共出台 200 多条与区块链技术相关的地方政策，如图 4-6 所示。政策肯定区块链对传统行业的赋能价值，支持区块链与产业深度融合；鼓励

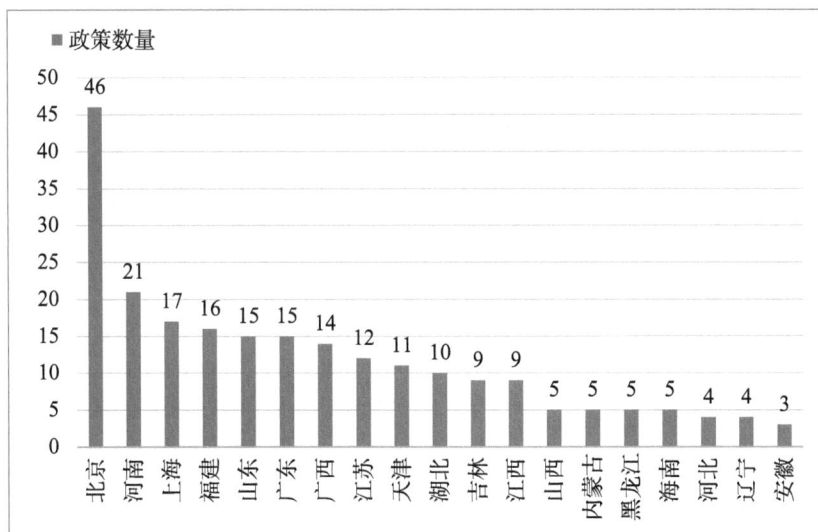

数据来源：赛迪区块链研究院整理。

图 4-6　2022 年各地方政府的区块链相关政策数量

和扶持区域内企业开展区块链基础设施和区块链信息技术项目建设，实现区块链技术突破。从政策中可以看出，各地正在着力打造区块链产业发展高地，争夺区块链行业话语权。

## 4.4.2 区块链基础设施蓬勃发展

2022 年，国务院先后印发《"十四五"数字经济发展规划》《计量发展规划（2021—2035 年）》，强调区块链基础设施建设升级的重要性，指出要加强基于区块链技术的社会共治可信服务平台建设，构建基于区块链的可信服务网络和应用支撑平台，为广泛开展数字经济合作提供基础保障。

当前，我国数字经济正加速转向深化应用、规范发展、普惠共享的新阶段，基于区块链技术打造一个可信的、泛在的、开放的新型数字基础设施，是充分释放数据要素价值、实现价值流转的关键。各地集聚区域内优势资源，加速区域内区块链基础设施的建设和升级，进一步提高服务性能、加强交互友好性、增强可信安全性，抢抓区块链在新型基础设施建设中的发展机遇。我国部分区块链基础设施建设情况如表 4-1 所示。

表 4-1　我国部分区块链基础设施建设情况

| 类别 | 牵头单位 | 项目名称 | 核心技术优势 |
|---|---|---|---|
| 区域级区块链基础设施 | 中国人民银行 | 长三角征信链 | 长三角征信链平台由中国人民银行总行牵头组织搭建。该平台利用区块链技术探索长三角征信一体化，实现跨地区征信互联互通和征信数据共享，推动解决小微企业融资难、银行风控难、监管部门管理难等问题，提升征信服务水平，促进社会经济发展 |
| | 国家信息中心 | 区块链服务网络（Blockchain-based Service Network，BSN） | 兼容公有、私有云架构，适配多个开源区块链底层架构和跨链技术 |

（续表）

| 类别 | 牵头单位 | 项目名称 | 核心技术优势 |
|---|---|---|---|
| 区域级区块链基础设施 | 赛迪区块链研究院 | 可信存证链（Blockchain-based Value Network，BVN） | 具备可信账户管理、主数据模型管理、可信数据共享、数据资产管理与上链等功能 |
| | 中国网安 | 区块链服务基础设施（Blockchain Service Infrastructure，BSI） | 支持分布式、按需可扩展的节点接入，广泛连接相关政府部门、社会机构和各行业重点企业 |
| | 中国信通院 | 星火·链网底层区块链平台 | 运用区块链技术，以网络标识这一数字化关键资源为突破口，已形成覆盖全国主要区域的 8 大超级节点，以及辐射更广泛行业和城市的近 30 个骨干节点的规模化基础网络，为实现新一轮数字产业转型升级构建了面向全球服务的、可信任的"数字底座" |

| 类别 | 服务城市 | 项目名称 | 服务内容 |
|---|---|---|---|
| 城市级区块链基础设施 | 北京 | 目录链 | 目录链是"北京大数据行动计划"的重要组成部分，已经完成以下数据目录的上链工作，包括北京市 80 多个部门的市级数据目录、16 个区与经济技术开发区的区级数据目录，以及民生、金融等领域十几家社会机构的数据目录。链上实时管理的目录信息达 50 多万条、信息系统达 2700 多个。目录链已经为跨部门、跨层级、跨领域、跨主体的数据安全共享提供上万次服务 |
| | 宁波 | 甬链 | 打造区块链公共服务统一门户，面向宁波企事业单位提供一站式产业公共服务。宁波本地企事业单位能通过该平台获取解决方案、产业政策、活动培训等产业服务，推动产业公共资源开放共享 |
| | 广西 | 桂链 | 作为自治区级公共区块链基础支撑平台，"桂链"构建安全可靠、可持续迭代的技术架构体系，面向政府、企业、开发者等提供共性、安全的区块链基础云服务资源及区块链应用开发服务 |

（续表）

| 类别 | 服务城市 | 项目名称 | 服务内容 |
|---|---|---|---|
| 城市级区块链基础设施 | 重庆 | 渝快链 | 作为重庆市区块链公共服务平台，"渝快链"为开发者提供多种类型的底层区块链构建服务、安全防护工具和封装技术，帮助开发者快速搭建区块链应用 |
| | 四川 | 蜀信链 | 政府机构、行业联盟、龙头企业共建的区块链公共基础设施，提供一键部署功能，致力于解决区块链应用开发者面临的建设成本高、技术成本高、运维成本高等问题 |
| | 昆明 | 昆明市区块链公共服务平台 | 旨在为政府部门、企业和开发者提供快速的联盟区块链应用部署能力、可视化运维管理平台、规范的智能合约开发工具和高效安全的智能合约审计等区块链开放服务 |
| | 江西 | 江西省 BaaS 开放平台 | 包含零代码区块链存证、快速开发智能合约应用等核心功能，是江西省政务、教育、金融、农业等全行业资源的连接器 |
| | 济南 | 泉城链 | 基于济南政务云部署，由底层软件、数字资源管理中心和数字保险箱应用三部分组成，辅助政务数据授权使用和安全监管 |
| | 苏州 | 梧桐链 | 针对企业、机构的区块链应用场景开发的联盟链区块链系统平台，提供基本的区块链服务，适用于多种应用场景 |
| | 杭州 | 政务服务链 | 采用了"一主多侧"的技术架构，初步布设了 4 个区块链节点，支撑可信应用场景 |
| | 天津 | 海河智链 | 该区块链系统实现自主创新且实时开源，可处理 10 万级吞吐量高并发数据，支持服务场景跨链协同工作机制，具有高可扩展性，可运行由主流编程语言编写的智能合约 |
| | 无锡 | 太湖链 | 吸引了各行业领域的区块链服务商，总结行业共识，建立统一标准及规范，实现全市区块链应用的规范化、集约化、可视化 |

（1）区块链基础设施展现强大的支撑作用

区域级区块链基础设施着力解决区块链行业中的成链成本高、技术门槛高、监管难度高等问题，是支撑数字产业高速发展的新引擎。区域级区块链基础设施能够为实体企业提供可信区块链底层技术，支撑构建大规模可信协作网络。同时，区域级区块链基础设施还能够便于监管部门对企业的区块链应用情况进行监管，推动行业健康发展。

城市级区块链基础设施着力解决因数据孤岛导致的数据泄露、业务协同效率低下等痛点问题，助力数据要素可信流通、治理体系高效协同，成为推进新型智慧城市建设的关键。截至 2022 年底，多个城市级区块链公共服务平台开始投入使用。这些城市级区块链公共服务平台已成为服务政府部门、社会单位和开发者快速部署联盟区块链应用和可视化运维管理平台，规范智能合约开发和高效开展智能合约审计的关键，对数字经济发展的支撑作用逐渐显现。

（2）行业热点应用场景引领区块链基础设施更新升级

随着全球区块链基础设施建设规模的不断扩展、运行能力的不断增强，其定位已经不局限于对原有互联网在传递信任和管理价值等方面的能力补充，而且拓展延伸到 Web3.0、元宇宙等数字原生的新一代互联网探索。

2022 年，全球范围加大了对 Web3.0、元宇宙等数字原生空间的技术研究、产品研发、应用探索，我国大型区块链研究平台开始布局数字资产、数字藏品等行业热点应用场景，着力构建全新数字原生空间、探索轻量级应用系统。例如，2022 年 1 月，区块链服务网络发展联盟上线 "BSN-DDC 基础网络"，为数字资产交易平台方提供安全可信、价格低廉的环境，为数字资产的生产与管理提供便利，为非同质化通证（Non-Fungible Token，NFT）技术在我国的落地提供基础设施能力支撑；2022 年 5 月，"星火·链网"上线数字原生资产（Digital Native Asset，DNA）服务网络，面向数字资产生态应用，提供统一的 DNA 标准协议，为数字藏品平台提供便捷、安全、低成本的网络技术服务，以激活数据要素资产价值和数据要素经济活力。

### 4.4.3　区块链应用场景丰富多元

我国企业、政府等实体依托联盟链，深挖实际需求，持续拓展区块链创新应用边界，在多个行业领域成功实现应用落地。当前，区块链技术不仅在政务服务、金融科技、医疗、数字农业、司法等多个领域取得不同程度的应用进展，也为国家重点关注的环保领域应用创新提供了有力支撑。

（1）区块链提升政府服务效能，推进数字政府建设

"互联网 +"背景下，运用信息化手段推进政务公开、党务公开，加快推进电子政务，是我国政务信息化建设的必经之路。但是，从我国目前政务数据服务的现状来看，政务系统沉淀的大量政务数据无法得到有效、合理的使用，政务数据孤岛仍是阻碍政务区块链应用的重要瓶颈。区块链技术可以推动数据要素流通，提高数据安全，确认数据的所有权，提高数据的共享水平。将区块链技术引入政务服务中，可以突破"各自为政""信息孤岛"等难题，提升政府的管理效率。

目前，区块链在政务服务中的应用主要集中在电子证照、政务数据共享、监管服务、行政审批等方面。以电子证照场景为例，如图 4-7 所示。区块链电子证照场景中，各政府部门、第三方认证机构将证照信息保存到区块链中，存储到区块链上的证照信息不可篡改、不可被盗用，这些数据还能通过区块链同步到各部门。政府部门利用存储于区块链上的数据为持证人发放

区块链电子证照。当出现证照验证需求时，查证人可以通过区块链核查持证人提供的区块链电子证照真伪。各地政府可通过建设区块链电子证照互通平台，打通数据孤岛，实现证照信息的可信共享，提高政务管理质量和效率。

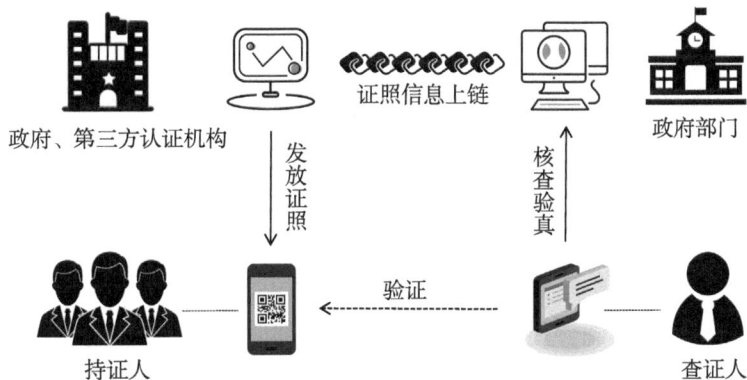

**图 4-7　区块链电子证照场景示意图**

### （2）区块链推进金融科技创新，打造数字金融新引擎

金融是现代经济的核心，是配置资源要素的枢纽、调节宏观经济的杠杆，直接影响着实体经济的兴衰。实际上，在推进金融领域业务数字化转型进程中存在一些难以解决的痛点问题。例如，资产与交易信息的真实性验证困难，导致信用评估成本高昂；金融业务流程复杂、周期长，导致业务办理的效率低。区块链技术具有数据难以篡改和可追溯性等特征，能够提高链上数据的真实性，大大降低了信用评估成本。区块链技术中智能合约的引入可以使陌生主体通过技术实现信任，将业务场景的合同转化成可执行的计算机程序。该程序中约定了合约执行的触发条件，在满足触发条件的情况下自动执行合约，从而提高业务处理的效率与准确度。同时，区块链时间戳技术的运用更是便于风控部门对金融业务资金管理中存在的数据问题进行追溯和问

责。区块链技术与金融市场的结合具有很大的空间。江苏、北京等多个省级行政区都积极推进区块链在金融领域的应用。我国多地建成了银行、保险、租赁等行业区块链平台，连接金融单位、投资方、监管方和资金需求方，实现金融业务跨越式发展。同时，区块链在供应链金融、资产证券化、跨境支付等领域也落地了一批应用场景。

目前，区块链在金融领域的细分应用已涵盖贸易融资、供应链金融、支付结算、保险服务、企业贷款、电子商务金融监管、投资交易等场景。以供应链金融为例，"区块链 + 供应链金融"场景中不仅包括核心企业及其供应商，还包括银行、保理公司、券商、担保机构和鉴定机构，如图 4-8 所示。区块链技术的加入能够促使供应链金融各方建立互信，并将这种信任传递给供应链末端的中小微企业，实现信用多级流转，从而解决中小微企业融资难、融资贵的问题。供应链金融形成的订单、合同、发票、税单、仓单及

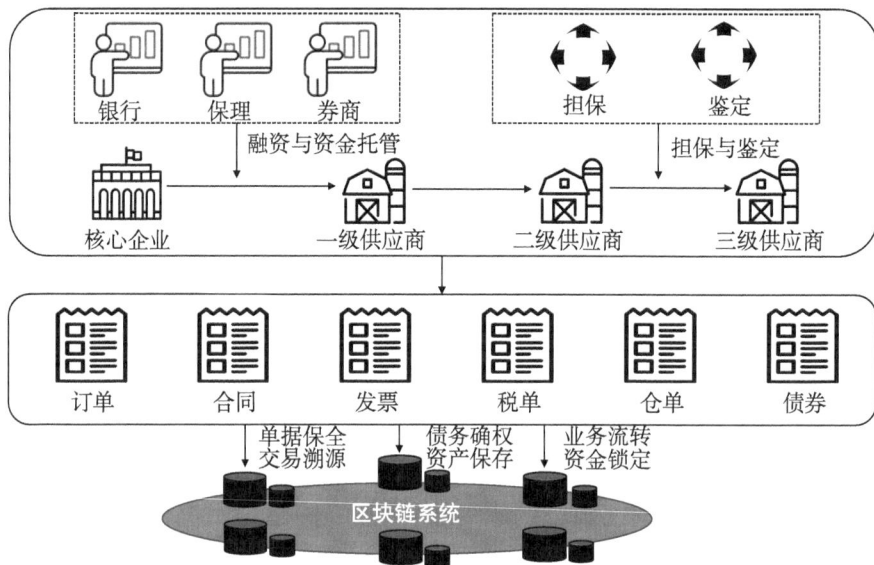

图 4-8 区块链 + 供应链金融场景示意图

债券都能够通过区块链账本进行共享存储，有权限的企业机构能够查阅数据并办理相关业务。区块链技术让金融机构在开展供应链金融业务时沟通成本更低，提高商业合作的效率。此外，智能合约的加持可以使融资过程中的各种合约实现数字化并自动执行，大大提升了履约效率，有效降低了违约风险。

**（3）区块链赋能智慧医疗建设，兼顾医疗数据共享与隐私保护**

智慧医疗建设工作在整合现有卫生信息资源、建设基于居民健康档案的区域医疗信息平台等方面已经取得了一定的进展。但是，目前的中心化电子病历管理平台难以实现跨机构信息共享，存在医疗健康数据分散、不同医疗机构间病历数据难以打通、医疗健康数据共享不受控、隐私泄露风险等问题。现有医疗体系中，由于数据孤岛、传统溯源系统中信息真实性和及时性难认定导致的监管难问题仍然存在，药品、疫苗流转全流程信息不透明，市场上各种制售、倒卖假药问题仍未得到根除。区块链在优化数据共享、打破数据孤岛方面具有不可替代的优势，在此基础上结合隐私计算还可实现数据的隐私保护。

区块链被广泛应用于医疗电子病历、医药溯源、疫情防控等场景中。以医疗电子病历为例，如图4-9所示。由多家医疗机构、体检机构组成联盟链，将机构中的电子病历数据、各类医疗设备和可穿戴设备采集的个人健康监测数据通过区块链加密存储。联盟链通过公钥及私钥识别医生、药房、健康顾问、研究机构等节点身份，结合授权访问机制实现对电子病历数据的管控。这样既满足了医疗数据共享的需求，又加强了个人健康数据的存储安全，还防止个人隐私数据的泄露。

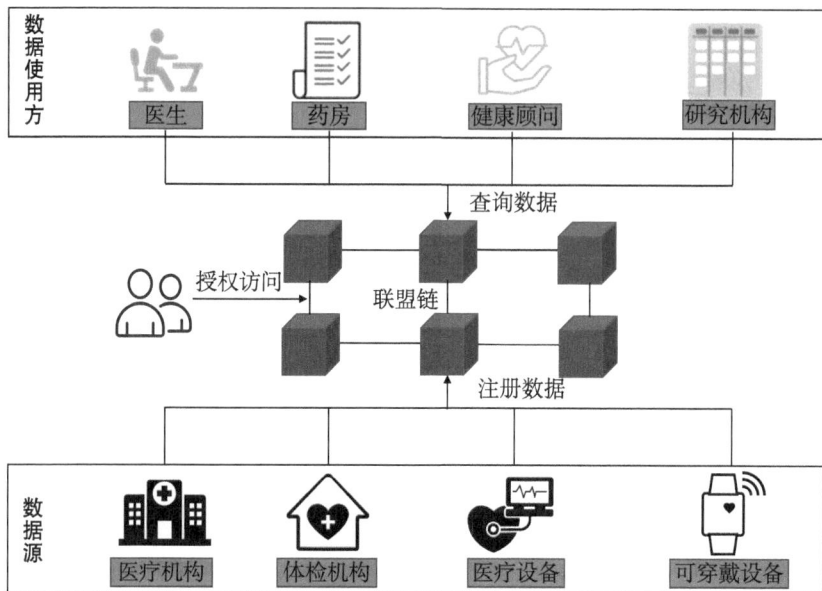

图 4-9　区块链电子病历场景示意图

（4）区块链推动数字农业建设，打造智慧兴农新模式

我国是农业大国，发展智慧化农业既是传统农业转型升级的现实需求，也是现代信息技术发展到一定阶段的必然选择。但是，目前我国智慧农业还处在起步阶段，相对于其他行业较为落后。我国农业农村发展在农产品质量追溯、农村金融、农业保险等方面仍存在一些问题。以长期受国内外关注的农业食品质量安全问题为例，现阶段的农产品及其加工产品的追溯体系仍不完善，溯源数据易被篡改，而且难以实现全链条信息追溯。区块链技术具有实时同步、不可篡改等特性，可以破除农产品生产、流通、销售各环节的"信息孤岛"。这样既提高了信息协同效率，也能够防止中间环节出现产品调包或伪造，可以为特色农产品提供溯源认证，保证农产品的质量安全。

近几年，区块链逐渐在农产品溯源、农业金融、农民精准扶贫等细分环节实现应用落地。2022 年，国务院印发的《"十四五"推进农业农村现代化规划》再次强调区块链等新一代信息技术与农业生产经营深度融合发展的重要性。以农产品追溯为例，区块链技术可以记录农产品生产、加工、流通、交易的过程数据，一旦产品出现问题，可以精准找回有问题的产品，做到农产品质量动态监管，让消费者放心。

（5）区块链深入应用推进法治中国建设，司法存证应用逐步成熟

稳步推进区块链在司法领域深度应用，能够将智慧法院建设提升到新水平，优化现代科技服务审判执行工作。实际上，在司法工作中，司法取证固证、执法监督、司法协作等都存在一些难以解决的痛点问题。以司法取证固证为例，电子数据取证较难。传统取证技术难以保证所取得的电子司法证据的完整性、关联性及合法性，司法单位无法知晓当事人采集的电子证据是否可信。电子数据存在易篡改的特性，若被恶意篡改，当事人也难以对其进行有效证明，导致存证数据的证明力度不足。同时，传统出证流程不完善，对于用户自行提取的电子数据难以公证，而请公证处人员进行取证则会因为出证流程烦琐导致出证时间较长。

区块链与司法的结合强化了司法体系对电子证据存证、固证的能力，简化了取证、认证与质证过程，优化了线上诉讼处理流程，助力司法公开与智慧法院建设。区块链在司法存证、跨部门司法协同等领域的应用场景广阔。以司法存证为例，如图 4-10 所示。当事人将电子证据经哈希运算后存储到区块链平台；在发生法律纠纷时，当事人可以向诉讼平台提交电子证据及其在区块链中的存证地址，司法人员通过诉讼平台对比存证地址中的哈希值和当事人提交的电子证据的哈希值，完成电子证据的真实性校验。从中可以看出，结合区块链建设电子存证系统，可在电子证据生成时就固定关键要素信

息，确保电子证据的真实性，从而赋予其法律证明效力，司法人员可对电子证据随时查证和追溯。司法单位再联合互联网法院、公证处和鉴定中心等多个司法机构，就能够构建完整的区块链司法联盟体系，为各节点提供存证确权、存证证书发放、在线取证、司法出证等业务功能，实现线上司法协同。

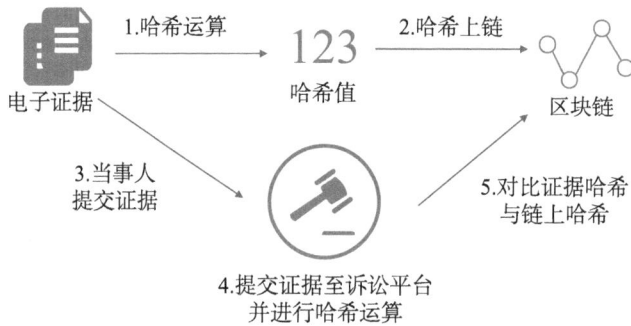

**图 4-10　区块链司法存证应用场景示意图**

### （6）区块链赋能绿色环保，助力"双碳"战略

实现碳达峰、碳中和，是贯彻新发展理念、构建新发展格局、推动高质量发展的内在要求。碳交易是指交易主体按照有关规则开展的温室气体排放权交易活动，通过市场化机制以较低的成本解决环境治理问题。

当前碳交易市场存在交易主体间信息不对称、交易市场信息不透明等问题，政府部门多以行政手段管控交易市场，对企业碳排放权交易流程的监管还不完善，无法获取企业的碳排放情况。造成上述问题的原因在于，碳排放信息都来自企业的信息系统，数据的完善性及真实性无法得到保证。同样，大型企业自身对碳排放的追溯也不到位，对企业内部产品生产、运输等全生命周期的碳排放量无法实时监控，导致企业难以进行碳排放阈值预警，更难以提早采取措施进行碳排放量控制，易造成经济损失。由此可见，真实性差、透明度低的碳排放数据既消磨了交易者对碳交易市场的信心，也妨碍了碳排放企业对自身碳资产进行有效评估和管理。

基于区块链不可篡改、全程可追溯的技术特性，能够有效支撑碳足迹全生命周期的可信记录、碳排放全要素的可信流转，可以为碳交易提供更安全、更高效、更经济的市场环境；利用区块链基础设施提供的公共服务能力，能快速低成本构建高效、可信的碳交易平台，提供应用场景和应用模式验证基础，有效降低应用风险，加速打造碳交易主体、交易机构、第三方认证机构、政府机构等多方参与且灵活互动的碳资产交易模式。以碳足迹追溯为例，如图 4-11 所示。温室气体重点排放单位、工厂利用监测设备采集生产过程中的碳排放数据，并将这些数据上传至区块链。监管单位可以通过区块链上的数据对单个企业、供应链或产业链的碳足迹进行追溯。技术服务机构可以通过区块链核查企业碳排放数据，并为其发放碳核查证明。碳交易市场中的交易机构也能通过区块链中的碳排放数据，在企业之间开展碳资产交易。

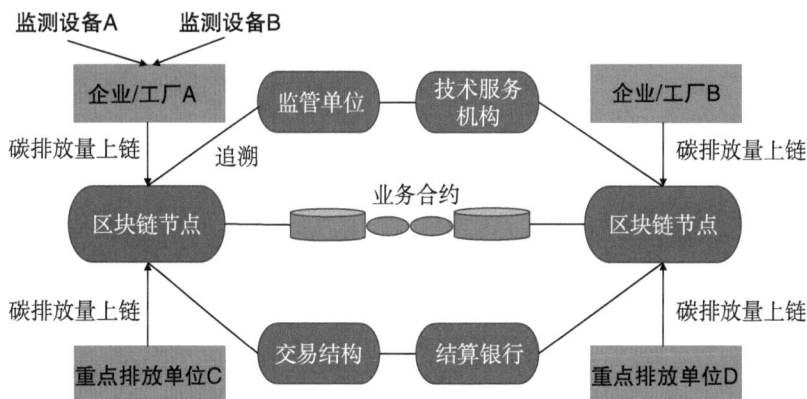

图 4-11　区块链碳足迹追溯示意图

# 第 5 章

# "双链融合"：区块链 + 物资供应链从理论到实践的融合

　　物资供应链的参与主体众多，业务流程繁复。数字化转型增强了物资供应链的信息传输能力，提高了业务办理效率，但也带来了系统间交互成本高、数据共享的安全难保障等新挑战。区块链能够促进数据共享，建立新型信任机制，在供应链管理、供应链协同等领域的应用备受关注。国内外企业掀起"区块链＋供应链"应用探索的热潮，为"双链融合"理论方案的形成创造了条件。

# 5.1 "双链融合"理念的发展

## 5.1.1 "双链融合"理念的诞生

在由供应商、制造商、零售商、核心企业和回收商等构成的物资供应链网络中，依靠核心企业这个主体协调资金流、信息流、物流、商流的交互传输，已经难以满足多元化、快速发展的市场需求。从企业内部来看物资供应链，生产数据的真实性和完整性得不到保障、数据孤岛、信息传递效率低等问题日益凸显。从物资供应链上下游看，虽然像大型央企、跨国公司这样的核心企业在整个物资供应链管理体系中拥有较大的话语权，但因其对供应链上下游掌控范围有限，难以获取物资供应链全网的数据，存在数据传输有断点、数据透明度不高、数据真实性难核查等问题。这些问题一方面会增加核心企业的物资供应链管理向上下游延伸的难度，另一方面使核心企业难以保证对物资供应链上的物流、信息流、资金流、商流的合理整合，导致物资供应能力和实际需求不对称。因此，企业开始关注整个物资供应链的信息在传输过程中的时效性、范围、真实性，致力于组成一个更具有公信力的资源共享联盟。

工信部在 2016 年 10 月发布的《中国区块链技术和应用发展白皮书（2016）》分析了区块链的核心关键技术，并且将供应链管理作为区块链的典型应用场景。区块链技术在促进信息共享、增强信任方面展现的技术优势引起了供应链管理领域的关注和重视。2016 年底，清华大学刘大成教授率先提出"区块链 + 供应链"的"双链融合"理念。

区块链与供应链能够相互融合的关键在于两个链各有痛点，又恰好能互为补充。区块链的痛点包括两个方面：在缺乏激励机制时难以落地；在中心化市场与管理范围内效率低下。供应链的痛点也包括两个方面：供应链的上下游企业彼此博弈，难以互相信任；供应链上的经营活动难以脱离高成本、低效率的"中介"监管。区块链与供应链各自的特点与诉求恰好消除了对方的痛点，如图 5-1 所示。供应链出于监管、防伪、溯源等目的使链上各方不需要激励即可结成联盟，供应链业务对区块链的效率要求并不严苛；供应链上下游的博弈形成"无中心化"组织基础，供应链管理希望达成的"去中介""无信任"恰恰是区块链的技术特性。

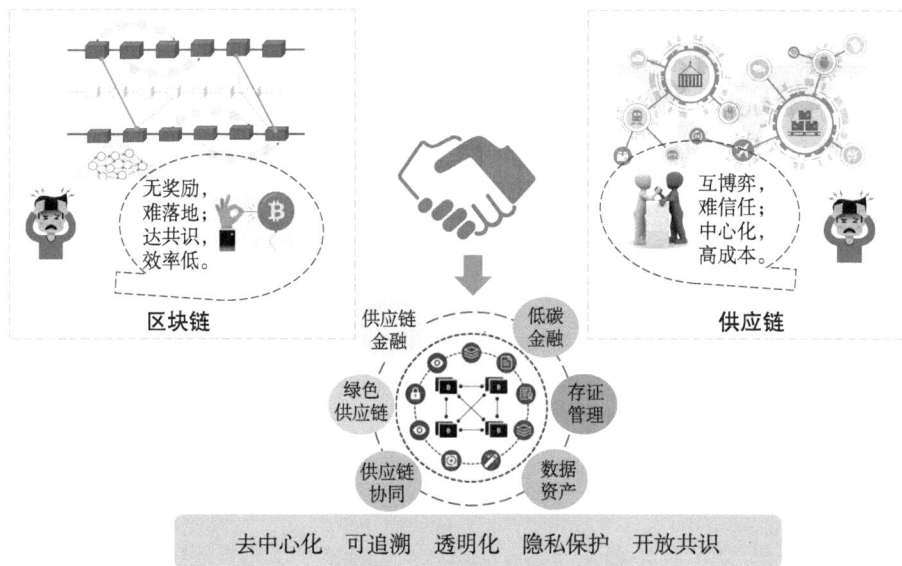

图 5-1　双链优势互补

"双链融合"诞生于学术界，落地于企业界的实践。联想集团从 2016 年开始启动区块链平台研究工作，在原有信息化的基础上借助区块链构建可信供应链数据共享通道，促进代工厂、企业、供应商三方之间实时信息共享，增强整体流程的透明度，实现采销协同、资产追踪、可信供应链管理、供应链金融等具体业务场景的落地。其成果受到国家部委、产业峰会、行业协会的广泛认同。除联想集团以外，华能集团、华电集团、国家电网、山东港口、马士基等企业都积极投身"区块链＋供应链"的实践，形成了各具行业特色的"双链融合"应用。

在科技进步和企业对于资源管理需求不断升级的背景下，供应链通过数字化转型即将迈向智慧供应链新阶段，不仅强调设备之间的联通交互，而且对供应链也提出了自决策、自感知等更加高阶的要求。区块链去中心化、不可篡改、可追溯等技术特性，对于供应链数字化迈入新阶段更具有普遍性的应用价值和意义。区块链与物联网、大数据、人工智能、云计算等新一代信息技术融合，为供应链的数据互通、共享、协同提供了更可信的数据及更安全的环境，建立了更加相互信赖的合作关系，成为智慧供应链得以构建并发挥作用的根本保障。因此，"双链融合"成为未来供应链数字化转型的必然选择。

现阶段，"区块链技术是供应链应用创新的重要推动力量"这个观念已经在不同行业间达成共识，我国政府也对区块链与供应链融合持鼓励、引导的积极态度，主要体现在以下几个方面。

第一，以联盟链为重点，发展区块链服务平台和供应链管理领域应用方案。与公有链相比，联盟链在节点管理方面更加严格，能够在系统内部同时满足去中心化和便于监管的需求，具备安全、高扩展性和高兼容性等技术优势，更加契合我国的产业发展需求。以联盟链为基础的底层平台将会在"双链融合"中发挥重要的底层支撑作用，进一步解决供应链数字化过程中面临的信息孤岛、信用跨级传递困难等核心问题。以"BAT"（我国互联网三巨头公司：百度、阿里巴巴、腾讯）为代表，我国多家科技企业已打造了自身的联盟链，并对外提供定制化的供应链管理服务。

第二，加快区块链在供应链领域的应用深化和拓展。我国积极推进区块链深度融入供应链金融和产品溯源等具备先行经验的应用场景，鼓励企业搭建聚合监管方、客户和资金方等多个主体的产业金融平台。同时，我国支持区块链在食品医药、装备制造领域的应用，鼓励行业龙头企业利用区块链技术建立覆盖原料商、生产商、检测机构、用户等供应链多方主体的产品溯源体系，加快产品数据可视化，进而实现产品质量全生命周期追踪溯源，最终提升产品质量。此外，我国对区块链在物流、绿色供应链建设方面的应用也很重视，支持企业利用区块链技术提升物流信息透明度、优化废旧物品回收、开展供应链碳排放数据的存证与核算。

第三，推进区块链与供应链管理平台融合，提高协作的精准性和敏捷性。我国鼓励企业围绕产品设计、制造管理、资源共享等需求，建设基于区块链的供应链管理平台；利用区块链技术实现供应链流程实时共享，帮助企业掌握供应链其他参与者的供给与需求信息，进而及时调整生产、采购及库存管理与决策，最终优化供应链管理，降低企业的经营风险和成本。

## 5.1.2　区块链与多技术融合赋能智慧物资供应链

（1）区块链＋物联网：数据可信采集与安全传输

物联网终端和5G高速传输网络将物资供应链涉及的设备、系统、人员、组织连接在一起，搭建数据流通的通道。物资供应链数字化通过扩大物联网终端设备的覆盖范围完善数据采集，通过扩大企业间的数据共享范围增强端到端透明度，为跟踪物资位置、监控运输环境、识别运输瓶颈、降低仓库管理复杂度、监测车辆关键参数、定位空闲运力资源、提升仓库管理效率及交货准确率提供了便利。

尽管由物联网传感器及通信网络共同构建的物联网设施对于物资供应链

数字化转型意义重大，但在应用过程中不断涌现的一些新问题使物资供应链难以充分利用这些技术。主要问题集中在以下两个方面。

一方面是设备之间的可靠连接难以保障。由于缺乏物联网设备身份鉴别机制，给恶意病毒的入侵提供了可乘之机，物联网设备在对接过程中可能会被攻击。另一方面是数据被盗用的概率高。现阶段已经出现利用外部合作伙伴进行数据窃取和网络攻击的第三方网络威胁。由此可见，数据的准确、完整、安全成为一大困难，增强数据可信采集与传输是物联网应用迫切需要考虑和解决的问题。

区块链在防止攻击、加密传输方面具有天然的技术优势。区块链技术可以为接入物联网的终端设备进行可靠的身份确认，确保网络边缘设备的合法性与安全性；区块链集成的哈希算法、数字签名、密钥协商、加密算法等综合加密机制使区块链几乎不能被攻破，即使物联网设备被入侵，也很难对区块链节点中的数据进行篡改；通过让用户共同参与数据的存储并相互验证，区块链保障了数据的真实性，数据的完整性也能够得到改善。此外，以 5G 网络为代表的通信技术为智能终端数据传输提供高速通道，区块链能够为通信网络提供数据保护，重构网络安全边界，实现可信互联，有利于数据和价值的可靠转移。

（2）区块链＋大数据：充分释放数据价值

在数字经济浪潮下，数据已经发展为推动物资供应链提高效率和业务创新的关键要素。企业在多年的经营中已经积累了大量采购数据、成本数据、生产数据。大数据技术能够提高企业对数据的洞察力，帮助企业全方位地了解自身物资供应链运营的宏观情况，助力企业及时发现物资供应链中的短期劣势，也能够衡量物资供应链上下游变化对企业带来的影响，为长期决策提供支持。

大数据在创造价值的同时也引入了多重挑战,数据的所有权不明确、数据安全防护不严密、数据隐私难以保障、数据滥用、数据的精确性较低等问题成为限制数据充分释放自身价值的障碍。

区块链能够有针对性地为上述问题提供解决方案。区块链提供的数据资产注册和确权能够有效解决数据权益不明确的问题,加强数据主权控制,保障数据拥有方权益。区块链技术通过私钥签名、加密技术、多方安全技术,实现大数据授权访问。借助同态加密和隐私计算还能够让数据访问者在不访问原始数据的情况下进行数据分析,在提高数据安全等级、保护数据隐私的同时促进数据共享。区块链的数据结构是由按时间顺序产生的数据块串联在一起形成的链式结构,这让其具备可追溯性,使数据从采集、整理到交易、流通、使用的每一步都被记录在案,有效杜绝了数据滥用的行为。基于区块链的链式数据结构和非对称加密技术,数据上链后难被篡改,数据质量获得强力背书,为大数据分析提供了可靠、关键的数据基础,有利于提高数据的精确性,进而提高大数据分析结果的有效性。此外,区块链与大数据融合可以弥补区块链在数据处理和分析能力方面的不足,二者结合有助于企业最大程度地释放自身数据资源的价值。

(3)区块链+人工智能:加速智慧进程

如果说终端设备和高速网络是物资供应链的"眼睛"和"神经",那么人工智能可以看作物资供应链的"大脑"。人工智能在运输线路规划、运力调度优化和仓库分拣等方面拥有广阔的应用前景,在提升物资供应链业务自动化水平、降低人力成本方面具有重要意义。

实际上,人工智能是物资供应链数字化转型过程中提升其智慧程度、实现自主决策的重要技术手段，但这并不妨碍人们对人工智能与物资供应链的结合抱有谨慎态度。对人工智能技术的研究和应用以大量真实数据为基础，采集的数据样本越多越真实，人工智能训练出的模型越准确。而在实际生产中，人工智能应用依然存在数据来源不明、末端企业数据收集困难、计算能力遭遇瓶颈限制等问题。

区块链在强化人工智能的数据来源权属认定、促进数据全域共享、提升计算能力方面具有积极作用。区块链具备的溯源特性能够有效追踪数据来源，使企业清晰地明确数据权属。人工智能的发展以海量数据为基础。在分工细化的供应链领域，单一企业很难获得足够的数据用于训练和模型提炼。而区块链技术能够通过分布式架构多渠道汇集数据资源，为数据获取能力弱的中小企业提供了数据挖掘和数据变现的可能。海量的数据也有助于人工智能算法的不断修正和优化。区块链的分布式存储机制和点对点传输使人工智能应用主体能够充分利用分布于不同地方的计算能力和数据存储能力，帮助缓解人工智能发展面临的算力压力。

（4）区块链＋边缘计算：提供可信赖的算力资源

边缘计算作为云计算的一种补充，提供了一种接近于实时的、更快速高效的数据处理与分析方式，能够节省网络资源，支持离线运行及断点续传。边缘计算是"算网融合"的重要支撑，打通了"云—网—边—端"协同，让算力触手可及。边缘计算能够弥补云计算在计算时效性方面的短板，支撑物资供应链中无人配送、数字孪生的需求。然而，边缘计算中的网络边缘设备数量多、位置分散、所处环境复杂多变，大幅提升了边缘设备访问控制与安全防护的难度，使边缘计算在实际应用中受到数据安全无保障和缺乏隐私保护等问题的困扰。

区块链技术为边缘计算网络和设备提供了可信和安全的环境，以及更加合理的隐私保障方案，实现了多主体之间数据安全流转共享和资源高效协同管理，保证了数据存储的完整性和真实性。同时，边缘计算能够为区块链大量分散的网络服务提供计算资源和存储能力，解决大量节点共存情况下的数据传输效率问题，满足区块链平台在边缘侧的应用诉求。

区块链作为能够实现去中心化、隐私保护的技术工具，与边缘计算融合发展，能够从信任、数据的完整性和安全等层面提升数字化物资供应链中边缘计算服务质量，优化业务能力，催生新商业模式和新业务场景。随着物资供应链数字化程度的不断加深，区块链构建的边缘价值将渗透到物资供应链的多个环节，实现数据信息和生产要素的高效协同与共享。

（5）区块链＋虚拟现实：助力打造数字孪生体

近年来，软硬件性能的提高使虚拟现实得到长足发展。虚拟现实技术通过对听觉、触觉、视觉信号的采集和模拟，对企业物资管理中的仓库、设备等各类实体进行线上化的刻画与管理。区块链与虚拟现实相结合能够打造物资供应链数字孪生体，利用区块链保证数字孪生体数据的准确和真实，利用虚拟现实技术完成物资供应链从物理空间到虚拟空间的映射。

区块链与虚拟现实结合打造的数字孪生体能够提升物资管理的透明度。在物流环节，运用区块链与虚拟现实建立覆盖仓配网络、车辆、天气、交通等元素的数字孪生体，能够优化配送跟踪、路径规划、货物监测、配送调度，提升物流配送的透明度。在仓储环节，建立库房数字孪生体，还原真实仓库场景，模拟物资分拣、进出库的运行状态，将仓库管理系统的数据输入数字孪生体，能够实现库存水平、备品备件等仓储物品状态、作业强度的可视化，提升仓储管理的信息透明度。

区块链与虚拟现实结合打造的数字孪生体能够优化决策。企业基于供应商、生产单位、物资供应链管理等不同角色，以及需求、采购、设计制造、仓储物流等不同业务之间逻辑关系形成的物资供应链数字孪生体，能够实时洞察物资供应链内外部的不确定因素，突破实体物资供应链的响应速度限制，快速协同物资供应链上下游。同时，利用物资供应链数字孪生体，能够帮助企业开展需求预测、物资消耗预测、智能补货预测、风险预警等决策，从而提升决策的精度。

## 5.1.3　区块链为智慧能源电力物资供应链注入新活力

（1）降低信息不对称的影响，提高物资供应链的弹性

过去两年，因自然灾害、贸易摩擦导致的物资供应明显受阻，影响能源电力企业生产经营的顺利开展。塑造能够灵敏感知潜在物资供应风险，并在物资供应链的部分环节受到干扰后仍能保持连续供应或快速恢复正常供应的弹性供应链，成为能源电力企业的共识。

区块链技术能够优化能源电力物资供应链全生命周期数据管理，提升决策和预警的准确性。利用区块链的分布式信任管理机制，使数据经过物资供应链多方主体交叉验证、签名后上链，结合区块链技术的不可篡改性保障数据真实、准确，为能源电力企业预测风险提供坚实的数据基础。利用区块链的加密机制、数字签名机制验证链上链下数据的一致性，提高物资供应链数据存证的可靠性，辅助能源电力物资供应链管理者推断出更能符合未来趋势的风险类型、物资供应链的受影响程度及影响持续时间，进而有助于物资供应链管理者制定更科学合理的预警决策，提高能源电力物资供应链的安全性与稳定性。

（2）提高流程效率，降低物资供应链管理的复杂度

能源电力企业的每一组生产设备都涉及多个部件与制造商，管理事务繁杂。物资供应链管理需要做到从建设项目立项到项目建设、再到生产运营的各个环节的物资供求协调一致，物资供应链需要具备高度自动化和更强的管理穿透力。

区块链技术助力企业办公系统充分释放价值，提高业务自动化水平。区块链去中心化、防篡改的特征大幅降低了合同等商业信息被篡改的概率，使合同审批、签订在双方互信的基础上实现了在线办理，降低了纸质合同管理的工作量，减少了人为原因造成的失误。利用多方签名和智能合约技术，将合同及执行条款以程序的方式嵌入区块，通过智能合约实现自动化清算，快速完成回款路径上资金转移和账本信息同步更新，简化交易流程。通过区块链进行票据开立、查询和存证，链上数据形成自证闭环，摒弃以往人工审核的冗长流程，降低人为核验负担，在跨境贸易、招投标线上业务办理方面具有广阔的应用空间。

区块链能够提升设备与物资管理穿透力。针对以往能源电力企业中设备操作和维护记录存储形式单一、可靠性难以保证等问题，利用区块链将设计、制造、使用、维护、回收等关键环节的重要信息进行上链存证，形成证据链的串联。能源电力企业再结合物联网等设备采集的设备运行信息，实现重要设备与电力系统组成单元的全生命周期跟踪。通过对存储在区块链上的设备运行数据进行分析，能源电力企业可开展预测性维护，从而提高物资供应工作的针对性，降低物资供应工作的复杂度。

（3）信息回溯力强，适配物资供应链的低碳管理需求

"双碳"连续两年写入《政府工作报告》，降碳已经成为能源电力行业关

注的焦点。通过碳排放治理打造低碳物资供应链，是能源电力企业落实减排的重要举措。能源电力企业在供应商的评价和筛选体系中加入碳排放的考量，还通过物流网络设计降低碳排放。能源电力物资供应链取得初步的减排成绩，但仍面临碳排放信息不透明、不准确，信息协同水平不足，以及碳排放信息共享程度不高的挑战。

区块链技术增强碳排放数据的准确性。能源电力企业可以借助区块链独特的链式数据结构和不可篡改的数据存证机制，将物联网设备收集的物资供应链碳排放数据进行实时加密上链，保证数据源头不可篡改，加盖时间戳的链上数据能够完好地支撑碳足迹全生命周期的可信记录。依靠可信碳排放记录，能源电力企业能够更全面地评估物资供应链各环节的碳排放，准确识别碳排放较高的环节，为产品的设计、采购、生产、物流和销售各环节进行工艺调整、技术改进提供依据，最终降低产品全生命周期的碳排放。

区块链技术促进各主体间碳减排协作。能源电力企业可以利用区块链的加密技术为物资供应链的不同主体设置不同的数据访问权限，只有持有私钥的特定用户才能访问相应的区块链数据。能源电力企业还能够将区块链与隐私计算、多方安全计算等技术相结合，实现数据可用不可见，满足参与碳排放数据共享的企业或机构对数据隐私保护的需求，增加物资供应链各类主体参与碳排放数据共享的积极性。借助区块链上透明、可靠和实时的信息和智能合约，能源电力企业能够自动化地核算物资供应链各企业的碳排放量，为物资供应链各主体之间厘清碳排放责任提供了便利，有利于促进行业内不同企业间碳减排的协作。

（4）多方位强化信息安全，保障物资供应链各方权益

物资供应链上下游企业之间的数据共享是提高物资供应链整体竞争力的

重要因素之一。如果这些需求数据、库存数据、生产能力数据能够以合适的方式分享给更多的物资供应链成员，将有效降低库存冗余、提高供应链响应效率、提前进行风险预测，进而帮助企业降低运营成本。然而，由于数据供需双方难以对数据质量达成共识、数据确权难、数据泄露风险高、数据权益缺乏保护等原因，阻碍物资供应链上下游之间的数据共享及流通，不仅影响物资供应链的业务效率，还增加了物资供应链的潜在风险。

区块链与能源电力行业现有的信息化设施和应用相融合，能够在网络防护、数据隐私保护等方面提升安全等级，为物资供应链数字化转型提供了一种安全、可靠的数据共享技术手段。物资供应链成员将脱敏后的业务数据连同数据的发布时间、发布者等信息一同上链存储，完成数据确权。数据一旦上链，就难以修改和变更，防范了数据丢失和篡改的风险。能源电力企业可以为物资供应链中的成员赋予差异化的访问权限，控制不同类型主体的数据访问范围，保护数据隐私。

区块链技术提供的加密算法能够有效降低能源电力企业在数据共享过程中的安全风险。区块链支持国密算法（即国家密码局发布认定的国产密码算法）对数据进行加密处理，保证数据在传输过程中的安全性和准确性，并满足合规性需求。能源电力企业通过区块链技术实现多方安全计算，这种计算方式可以兼顾数据的开放性和敏感数据的隐私性，在不沉淀彼此原始数据的前提下实现跨企业的数据共享与分析。能源电力企业依托区块链实现数据确权，为数据使用形成不可篡改记录，可确保共享数据在整个生命周期具有较为完整的流转使用存证，实现数据的流转溯源，为数据权益分配提供可信的依据。

区块链能够解决物资供应链数据共享中的互信、隐私数据保护、数据安全访问、可追溯、身份认证、数据权益保护等问题，为建立安全、可信、繁荣的物资供应链数据共享生态奠定基础。

（5）跨越信任鸿沟，推动构建多方互信的合作生态

物资供应链的参与主体逐渐呈现数量多、类型广、分布散等特点，能否构建可靠的信任机制，已经成为牵制物资供应链上众多企业发展的关键。当前复杂的物资供应链网络中往往存在大量彼此不熟悉的合作伙伴，传统的信任机制存在信任关系脆弱、建立周期长、监管难度大、信息流不透明等弊端，致使物资供应链中的欺瞒行为难以被发现，交易纠纷举证和追责困难等问题频发，迫切需要一种新的方式或途径快速建立组织间的信任。

区块链提供了一种快速建立信任关系的途径，通过协议、加密及共识等方式确认双方的身份和交易内容，使物资供应链的各参与主体摆脱依靠核心企业或第三方机构建立信任关系的模式。能源电力企业能够通过区块链技术快速建立与链上合作伙伴之间的信任关系，有助于提高产品或服务的交付速度，这一点在国际贸易中能够得到显著体现。区块链还能够为能源电力企业中流动性差的资产搭建交易平台，通过溯源降低交易风险，保障交易可信，使企业能够通过更多途径实现资产变现，提高资产的流动性。区块链还能丰富能源电力物资供应链生态圈生态，基于区块链构建的信任基础不仅能够促进行业内合作，而且能促进跨行业的合作，有助于碰撞出更多的业务创新点和新型商业模式，打造包括物资供应链金融生态、物资供应链低碳生态等形式更加丰富的合作联盟。

区块链相比传统的中心化信息技术，其多方共同见证记账的模式特别适合支撑需要多方协作的场景。物资供应链正是这样一个需要多方合作的网络组织，区块链能够围绕物资供应链和产业链的供需资源对接，以企业可信认证为入口，快速进行业务撮合和供需匹配。

总体来看，区块链降低互信成本，为信任的建立提供便捷手段，有助于实现物资供应链主体之间的数字资产、信息资源等各类虚拟资源和实体资源的整合，能够助力物资供应链开展信息集成、资源共享和业务协作，使多方主体的价值得到平等、充分的发挥，提升对外服务价值，打造多方互信的合作生态。

# 5.2 "双链融合"的实践探索

## 5.2.1 物资采购应用加快落地

工业领域的物资采购成本占生产总成本的 50% 以上，对于企业控制成本至关重要。同时，物资采购涉及多方参与主体，对协同作业与流程透明度有较大的需求。因此，物资采购业务与区块链的融合备受关注。目前，能源、农业、医疗等多个行业已经实现"区块链 + 物资采购"的应用落地，通过区块链技术搭建由多级供应商、采购商组成的联盟链，为供应链上的参与者确定可信数字身份，将采购需求、供应商寻源、合同、采购订单、产品交付、付款等环节的重要数据上链，实现采购全过程留痕，降低信息共享成本，推动实现全链条监管，助力高质量发展。

区块链应用于电子招投标，推动物资线上采购更安全、便捷。公共资源交易中心、企业招标采购平台积极推进区块链在招标采购领域的应用，将经过数字签名的电子合同上传到区块链，保证电子合同内容真实且不可篡改，严防合同造假的风险。依托区块链多方签名和节点共享机制，签约双方通过远程即可完成合同签署的信息核验、合同审批等操作。利用区块链可实现合同内容的可信记录，以及在线审批、在线签约等环节全程记录，所有电子合同签署后都可以同步存证于司法链中，获取互联网法院的实时认证，实现采购签约全流程可信、全节点见证，为企业的合法权益提供有力保障。

区块链应用于采购全过程监管，使物资采购更透明、合规。借助区块链将采购、库存、物流等环节的订单、运单、质检报告等关键数据上链存证，并对其进行实时更新，通过联盟链或区块链跨链技术打通采购单位、供应商、质检机构、金融机构、司法机关之间的数据共享通道，提高物资采购的透明化程度，便于实施采购穿透式管理。

## 5.2.2 物流领域应用逐步迈向成熟期

物流在物资供应链中扮演着极其重要的角色。区块链在物流领域的应用探索最早可以追溯到 2015 年。现阶段，"区块链 + 物流"的应用主要集中在物流追踪、流程优化、物流信用等方向，具体包括商品溯源、物流单证、物流征信等场景。

区块链应用于商品溯源，使追溯更可信。区块链结合物联网设备、条码技术，对农产品、药品、酒品、工业零件的生产、运输、仓储、配送、逆向物流等环节实现溯源管理。区块链的共识机制使数据上链后不可篡改，保证溯源数据真实。以农产品溯源为例。基于区块链、地理信息系统、物联网技术对农作物种植（或养殖）、加工、存储、运输、销售的全流程各环节关键数据进行自动采集，并实时写入区块链；用户通过扫描农产品包装上的溯源条码，可以看到溯源产品信息并进行防伪查询，实现产品从田间到餐桌流向的全过程追踪，助力农产品品牌增值。

区块链应用于物流单证管理，使业务办理更高效。利用区块链的分布式账本和数字签名技术，将单据流转和签收全程实时上链，打通供应商、重要商家、物流企业之间的单据流，实现不同参与方在一个互信的联盟链里完成单据流的共享与确认。以运单管理为例。利用区块链技术打造物流单据签收平台，将出库、配送、妥投、入库等环节的货物交接数据通过可信终端实时采集上链，通过智能合约自动完成运单对账和计费结算，消除人工失误，提高运单管理的工作效率。

### 5.2.3　碳足迹管理与碳交易进入探索期

"双碳"正在对物资供应链重构产生潜移默化的影响，区块链通过点对点传输、分布式记账、加密算法技术，为物资供应链碳排放溯源、碳交易监管及实施降碳行动提供技术支撑。

区块链应用于碳足迹管理，提高供应链碳排放透明度。将物联网标签、NFC 芯片等设备与区块链进行整合，发挥区块链数据可信存证的技术优势，为企业积淀碳排放相关数据，实现碳足迹的精准追溯与全过程呈现，支撑碳排放量核算、碳足迹查询、碳数据核查。以消费电子产品制造企业供应链为例。消费电子生产企业依托区块链技术搭建碳排放数据管理系统，将供应商采集或报送的原始生产数据及真实性、合规性证据（采集的图像、视频、签章等证据）上传到管理系统，采用分级加密、数据脱敏等技术实现碳排放数据的安全使用；兼顾碳排放数据跨企业流转和敏感数据隐私保护，根据国家颁布的碳排放核算规范编写智能合约，实现供应链全过程碳排放的自动核算，支持对指定企业、指定环节进行碳排放的定点追溯。同时，监管部门能够通过管理系统对碳排放数据进行审计、核验。

区块链应用于碳资产交易，推动交易更高效、透明。利用区块链分布式共识机制保障区块链的节点企业对链内数据具有平等的知情权，降低数据造假的风险。利用部署在区块链上的智能合约对接收到的碳交易预期交易数量和金额等信息进行判断和自动匹配，支持买卖双方交易的自动化执行，提高碳资产交易效率。

## 5.2.4　数字信用领域持续活跃

企业的数字信用是以企业长期形成的贸易数据、资金往来、征信情况等为基础，通过特定的数字信用评价模型获得多方认可的电子化信用。供应链中的数字信用是区块链在供应链方面最早实现落地的应用场景，一直以来保持活跃的创新势头，逐渐形成了基于区块链的核心企业数字信用的供应链融资、跨境贸易快速结算等应用。

区块链应用于供应链融资，推动融资更普惠。目前，基于区块链的应收账款融资、仓单融资等模式已经较为成熟。以应收账款融资为例。核心企业基于与供应商之间的真实贸易，向供应商签发支付凭证。该凭证及贸易过程中的单据通过区块链进行存证。经过多方验证的支付凭证可以作为供应商向银行申请融资的信用凭证，帮助供应链上的中小企业更便捷、更低成本地获得融资。

区块链应用于信用证跨境流转，简化跨境贸易流程。以贸易场景为例。利用区块链技术将跨境贸易场景中涉及的各类纸质凭证、合同、发票、报关单等信息上链，利用区块链信息的不可篡改特性保护其信息安全性和可追溯性，实现单证信息的可信共享，摆脱跨境贸易中烦琐的单证识别、核对过程，节约人力成本、物流成本，优化跨境业务流程，提高效率。

区块链在供应链领域中落地的多样化应用，为"区块链＋供应链"由局部验证到全面推广提供了先行样本，成为构建"双链融合"理论、系统性实施"双链融合"的宝贵经验。

# 5.3 "双链融合"行动方案

## 5.3.1 行动路线图

无论是从理论层面出发，还是从实践层面出发，"双链融合"都是供应链数字化转型的必然选择。然而，"双链融合"仍处于从探索到成熟的过渡时期，学术界和企业界所做的工作大多集中在理论探讨和局部试用，暂未形成完整且成熟的系统性理论。"双链融合"的方法概括需要持续的实践作为基础，需要系统的行动路线指导实践推进。本书将企业探索"双链融合"划分为四个主要阶段，如图 5-2 所示。

在清晰认知区块链与供应链特点的基础上，根据业务实际需求，做出全局规划

实施某个供应链业务的"双链融合"项目，形成示范效应

在单项实践中总结经验，由点到线，由线成面，逐步向全面"双链融合"进行过渡

凝练出自身具有行业特征和企业特色的"双链融合"理论、路线和文化，形成一种行业壁垒，塑造竞争优势

—— 规划期 —— 单点突破 —— 全面过渡 —— 体系形成 ——

图 5-2 "双链融合"四阶段路线图

第一，规划期需要厘清需求，开展全局规划。"双链融合"的成功落地，要以企业全面了解业务和技术为前提。一方面，企业要全面、清晰地了解供应链的发展需求和痛点，做到技术应用有的放矢；另一方面，企业要客观、理性地认识区块链的技术优势、特性与局限性，在区块链与供应链结合的过程中做到扬长避短。企业在规划期不仅要深度剖析业务痛点、预测业务发展模式，还要充分分析区块链解决方案与传统解决方案的差异，深入探究"双链融合"的优势所在，充分论证和判断区块链是否适合自身所需的特定业务场景，为"双链融合"进入单点突破期提供正确的判断和指引。

第二，单点突破期需要找准场景，形成示范效应。企业在"双链融合"的单点突破期，会由于仍缺乏系统性的理论架构和具有通用指导意义的建设指南而在业务和技术层面引起剧烈变化。因此，企业在该阶段适宜选择物资供应链领域专业分工明确、参与方众多、服务化程度高的业务场景作为先行试点。先行试点的实践经验既能够为后续"双链融合"全面铺开提供参考，也能通过实践纠正规划期的理论偏差，是"双链融合"由理论规划走向落地实践至关重要的一步。

第三，全面过渡期需要推动"双链融合"纵深发展，实现全面融合。进入这个阶段，表明企业已经深刻认可"双链融合"的价值，开始全面实施"双链融合"。企业期望从更深的层次挖掘区块链技术给物资供应链数字化转型带来的动力，包括将区块链作为基础设施纳入底层技术改造范畴、基于区块链打造更丰富的业务场景、形成区块链数据共享与应用标准、推动物资供应链上下游企业采取统一的区块链改造等。

第四，体系形成期需要提炼形成理论体系，构筑竞争优势。由于产业分工细化、行业充分竞争等因素，任何企业所在的供应链都是庞大且繁杂的，企业间的关系处于既相互独立又相互依赖的复杂状态。"双链融合"的最终目标是要适应这种繁复的业务模式和复杂商业形态。在"双链融合"的体系形成期，物资供应链中的多数企业已经将区块链技术深度嵌入物资供应链各个业务场景，跨企业、跨领域的沟通更加通畅和快捷。企业之间能够按照不同的业务需求快速建立合作，形成紧密且灵活的新型合作关系，持续推动业务创新，构筑独特的竞争优势。

## 5.3.2 "双链融合"执行框架

"双链融合"以解决物资供应链中痛点问题、加速物资供应链数字化转型为核心，在执行过程中需要关注行动力、技术、风险和生态四个方面。由以上四方面要素组成的执行框架是"双链融合"的基石，如图 5-3 所示。

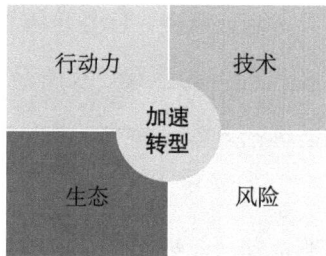

图 5-3　"双链融合"执行框架示意图

（1）行动力："双链融合"的风向标和引擎

"双链融合"是企业的一次全新尝试，果敢且持续的行动力是关乎实施"双链融合"能否成功的重要因素。首先，企业应正确认识区块链。梳理问题清单，明确物资供应链存在的业务痛点是否能够依靠区块链解决；深刻理解区块链的价值，思考物资供应链业务和区块链的结合点；充分了解物资供应链各场景对区块链性能、治理模式的要求，选择最优的区块链部署模式。

其次，将区块链纳入企业信息发展规划。《"十四五"信息通信行业发展规划》中多次强调区块链的重要性，企业方面也应积极采取行动，将区块链相关基础设施、应用场景的建设写入企业发展规划，明确区块链对企业、物资供应链发展的重要战略意义。最后，深耕区块链应用创新，通过探索"区块链 + 采购""区块链 + 物资供应链数字资产流通""区块链 + 物资供应链碳足迹管理"等物资供应链热点领域，推动场景落地，助推"双链融合"落到实处。

"双链融合"的顺利实施需要来自上层的组织领导和基层的执行之间的相互配合。因此，行动力方面需要关注企业战略的引导力和业务人员的执行力。

企业管理层需要为"双链融合"创造合适的条件，要将商业问题转化为业务问题。企业管理层还应通过区块链应用决策框架，引导员工准确评估实际业务需求，以及寻找最合适的区块链解决方案，如图 5-4 所示。

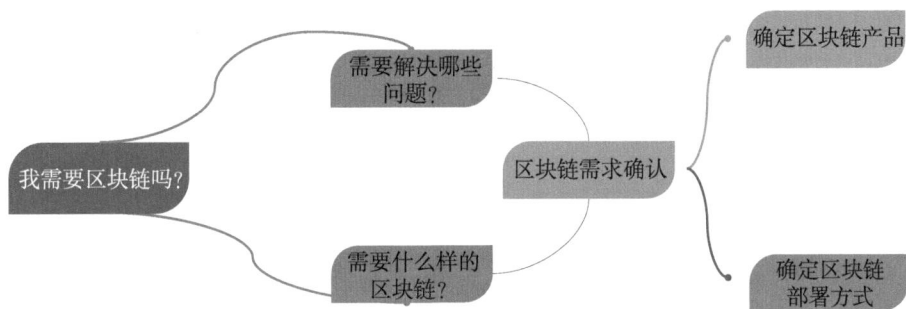

**图 5-4　区块链应用决策图**

实现区块链与物资供应链全面融合并非一蹴而就的事。为避免业务和技术架构的剧烈变化，企业通常不会快速将业务迁移到区块链上，而是循序渐进地接受新技术的升级。这意味着在"双链融合"的实施层面，相关业务人员会经历"执行—发现问题—改进问题"的迭代，以小步快跑的敏捷迭代方式改造现有的平台和业务，引导"双链融合"稳健发展。

（2）技术："双链融合"的核心支撑

"双链融合"场景的落地需要以基础设施的建设为基础。其中，区块链基础设施是关键。区块链基础设施为上层应用的开发和场景搭建提供重要支持。当前企业"上链"的解决方案大致分为自建区块链基础设施和租用区块链应用服务平台两种，如表 5-1 所示。

表 5-1　两种解决方案对比

| | 自建区块链基础设施 | 租用区块链应用服务平台 |
|---|---|---|
| 优点 | • 服务器自有，可实现自我掌控<br>• 拥有自身研发团队，可自行修改底层框架，技术自主可控性更强 | • 投入成本较小<br>• 无须专业区块链技术研发人员，支持多种主流开发语言<br>• 无须部署区块链底层环境，无须自行维护，全部由服务提供方提供<br>• 部署区块链应用更加简单、快捷 |
| 缺点 | • 初期投入成本高<br>• 网络、服务器、区块链节点、合约服务等底层框架需要自己进行维护，维护成本高<br>• 需要配备专业技术团队，人员成本高<br>• 开发周期较长<br>• 初期技术选型不当容易造成后期难扩展 | • 缺乏核心竞争力<br>• 难以自控 |

区块链基础设施建设的技术准入门槛较高，分布式结构对资本和资源投资要求高，头部效应明显。对于中小微企业而言，在资金、人才、技术等方面均难以支持建设区块链基础设施。因此，大型科技企业是建设区块链基础设施的主力军。一些资金实力雄厚、科技人才储备量大、对安全及保密有更高要求的大型国有企业也会选择建设区块链基础设施。对于中小微企业而言，为了以更低成本、更短周期实现区块链应用落地，租用区块链应用服务

平台是主要途径。

企业自行建设区块链基础设施时应着重考虑兼容性、可扩展性和易用性。在兼容性方面，区块链基础设施应支持主流区块链技术标准。在可扩展性方面，区块链基础设施应提供数据存储的扩容技术和方案，支持根据业务需求变化实现功能扩充，架构设计方面应采取灵活的架构、支持可插拔模块，从而支持不同的企业用户选择适合自身业务需求的具体方案。在易用性方面，区块链基础设施应充分考虑系统软硬件网络运行的实际情况，采用易于维护、界面友好的系统平台，也要确保软件安装配置易于操作。在具体实施过程中，企业可考虑以混合云的形式进行网络部署。这样既能兼顾便利与稳定，也能避免单一使用公有云或私有云带来的稳定性差和单一化的局限。在服务器的硬件支撑方面，企业可考虑以异构机为主，能够进一步提高整个联盟链网络的可靠性。同时，针对网络组织的内部节点也要支持容灾方案，满足企业级系统平台的安全要求。

"双链融合"需要解决的另一个关键问题是如何使用区块链的技术架构、逻辑思维改变现有系统或产品的逻辑和架构，这将带来较大的系统性风险。因此，试点试验必不可少，在向更大范围推广方案之前，企业需要在特定领域进行一段较长时间的试点实验，以节省成本，避免损失。

（3）风险："双链融合"先驱的必修课

物资供应链的风险会传递到企业生产经营的方方面面。因此，无论是物资供应链转型升级，还是业务创新，关注风险、管理风险非常有必要，针对"双链融合"这样的创新尝试更应对风险加以关注。"双链融合"过程中面临的风险如图 5-5 所示。

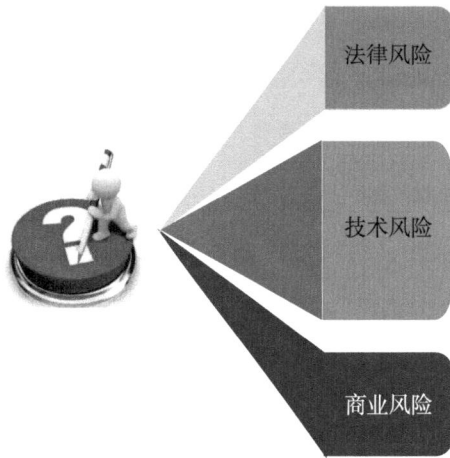

图 5-5  "双链融合"风险

① 法律风险

"双链融合"缺乏成熟的法律保护机制，围绕区块链的政策和法律框架还处于早期。"双链融合"中关注的数据共享、多方协同牵涉多方主体，容易由于利益牵扯引发权益纠纷。尽管区块链可以在技术层面实现数据安全与隐私保护，但是"双链融合"中形成的业务模式多由企业之间协商决定，现在还没有成熟的法律框架，对尚处于试水期的"双链融合"来说存在一定的法律风险。

为有效规避"双链融合"可能带来的上述风险，在物资供应链中做到身份可知、权限可管、交易可控、隐私可保、历史可验和监管可达十分重要。企业应该在数据保密、流程再造、商业模式等方面多投入精力。企业还需要实施数据分类分级管理，明确能够通过区块链进行共享的数据清单。技术方面优先保障"双链融合"的合规、安全、稳定，之后再逐步推进易用、性能方面的提高。同时，企业还应对网络、存储、业务进行安全加固，避免由于链上主体的木桶效应导致出现安全漏洞而引发纠纷。

② 技术风险

"双链融合"尚在起步阶段，企业需要更新现有系统，以适应新的业务模式和流程，新技术与原系统间的系统接口存在兼容性风险。"双链融合"的技术架构中需要支持跨链技术，不同链之间信息和资产的互操作性存在差异，跨链在可用性、安全性和可扩展性方面存在隐患。不同企业在推动"双链融合"过程中可能会采用不同的技术框架。这意味着"双链融合"缺乏标准化（包括整个区块链生态系统的标准等），可能会导致不同平台或生态难以互通，"双链融合"存在形成新型孤岛的风险。

"双链融合"的先行探索企业应扩大与区块链行业标准协会的沟通与合作，投身"双链融合"中系统接口标准、区块链框架标准及跨链协议等技术标准的研究和制定，推动"双链融合"走上标准化道路，为后来者提供更规范、更便捷的技术环境。

③ 商业风险

"双链融合"尚处于试水期，如果应用不当，就可能带来不良的用户体验。全球范围内关于区块链应用的监管要求有所不同。而供应链领域大宗商品交易涉及跨境贸易，往往牵涉多国主体，更需要明确每个用例、网络参与者类型及框架是否符合各国的监管规定。"双链融合"的生态需要物资供应链上下游企业的多方参与，任意一方的缺失都会导致整个物资供应链周期信息的缺失。"双链融合"体系能否顺利组建并长久运营的关键在于业务各方对该模式的认可程度。

面对上述商业风险，先驱者需要不断实践，总结经验教训，探索"双链融合"的最佳解决方案。在将"双链融合"纳入企业发展战略前，充分调研、多方论证，从企业自身能力和实际需求出发，避免盲目跟风，引入战略风险。实施"双链融合"初期，企业需要做好业务系统与应用的常规技术备份工作，当搭建在"双链融合"技术架构上的业务出现异常时能够及时将其切换回常规系统以减轻负面影响。在区块链应用监管方面，企业既要关注国内动态，也要关注国外动向，全面考虑各国的相关法规。在区块链应用宣传推广方面，企业需要做好"双链融合"业务宣传相关工作，扩大"双链融合"的影响，加强物资供应链上下游企业和行业内外对该模式的认可，吸引更多企业加入"双链融合"的生态中来。

（4）生态：开放赋能，从应用走向生态

无论顺应全球化局势，还是逆全球化局势，物资供应链都是企业体现竞争力的核心指标之一，企业为适应新的竞争环境通过采取资源互补和集成手段构建生态圈。当下，大部分企业正处于由物资供应链数字化功能系统到集成系统的过渡期，"双链融合"是帮助企业更顺利地构建互信共享、合作共赢的生态圈的重要手段。

借助"双链融合"的契机构建物资供应链生态圈，需要构建分布式对等的商业网络，容纳物资供应链上下游信息的系统共享（包括战略、产品、寻源、质量、财务等信息）。构建物资供应链生态圈还需要根据行业特色对数据建立不同的标准。因为标准是统一的业务交易语言，能够使物资供应链的各参与方拥有使用区块链网络赋能业务的底层基础，进而真正搭建物资供应链网络生态圈并发挥资源整合作用。

在构建物资供应链生态圈的具体过程中，企业可以依照生态网络逐级延伸的思路，优先打造服务于供应链业务的区块链应用平台（该平台主要为各参与主体提供数据端到端共享、业务协同、追溯、存证、监管及金融服务等）；从平台稳定运行的实践中获取经验，逐步开展从单一化平台到多平台之间的融合集成，构建行业级"双链融合"解决方案；在条件成熟的情况下建立行业级平台，进一步巩固自身的地位、赋能行业发展、提升品牌影响力。同时，这也将推动企业实现从传统生产制造型企业、传统能源类企业、传统零售型企业向综合技术服务提供商的战略转型，为企业在科技化浪潮中占据有利地位，最终形成场景丰富、功能完善、多方参与的繁荣生态。

## 5.3.3 "双链融合"技术架构

在技术层面，"双链融合"是将区块链技术融入物资供应链业务中。本书结合数字化物资供应链与区块链的特点提出了"双链融合"架构，如图 5-6 所示。

（1）基础设施层

基础设施层需要将区块链基础设施与企业已经部署的物理设备、云计算资源及数据源进行融合，共同搭建"双链融合"的底层基础。物理硬件主要包括服务器、存储设施、通信硬件、传感器及智能终端等，用于保证上层服务可靠运行。云计算为"双链融合"的业务需求提供动态计算资源。此外，为了更快地处理延迟，减少无效数据传递，降低网络的带宽压力，部分计算可以在边缘进行。数据源包括企业内部及外部的各个业务系统。

（2）区块链核心层

区块链核心层是"双链融合"架构的关键组成部分，包括区块链通信网络、数据存储、加密算法、共识算法、跨链技术等内容。通信网络方面会对组网方式、消息传播协议和数据验证机制进行封装，用于控制区块链网络及所有节点之间的信息传递。区块链的数据存储主要基于 Merkle 树，通过区

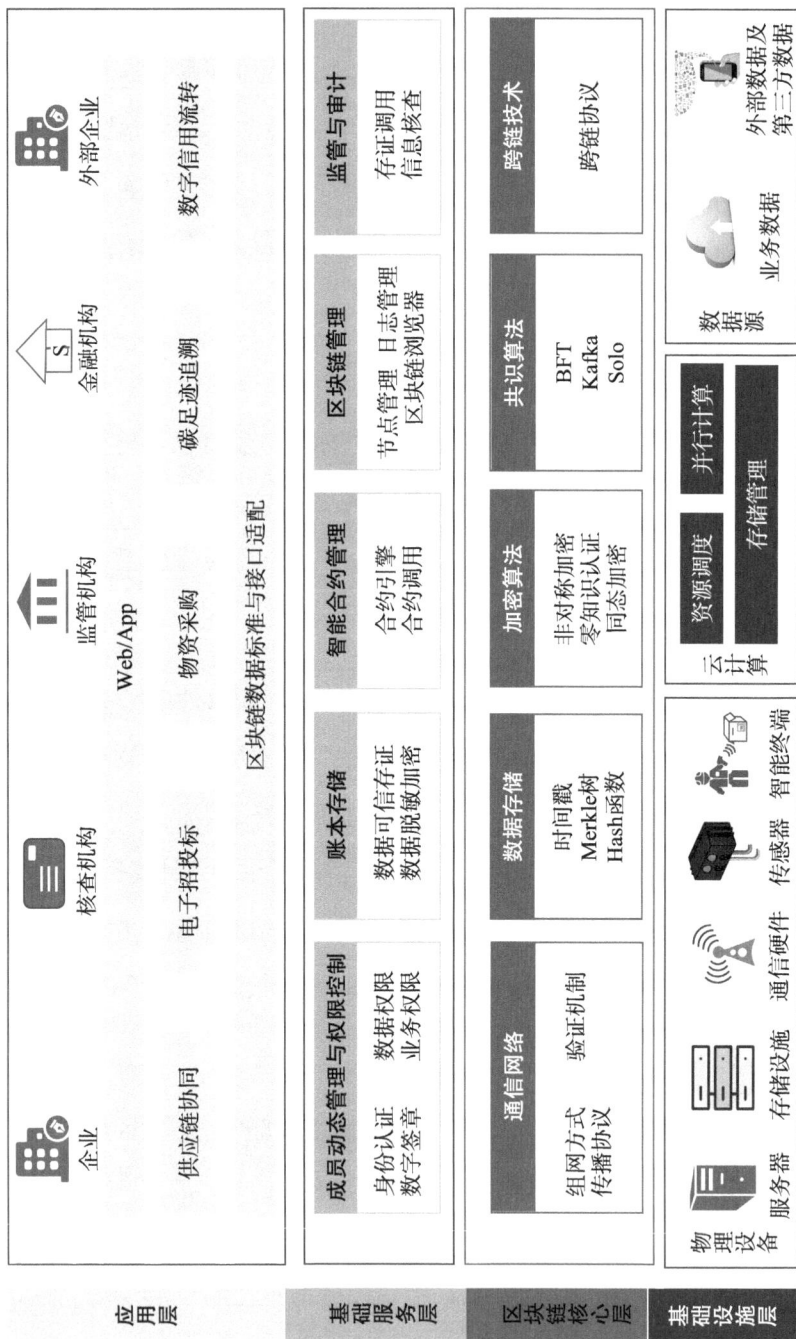

图 5-6 "双链融合"架构示意图

块的方式和链式结构实现。链式数据结构是区块链具备可追溯技术特性的根本原因。加密算法是实现数据安全、保护数据隐私的核心，为交易创造安全环境。共识算法在协调分布式系统全节点账本一致性方面发挥了重要作用。跨链技术是实现区块链网络互联互通的技术，是区块链向外拓展的桥梁，同时也是搭建价值网络的关键。

（3）基础服务层

基础服务层为"双链融合"的应用场景提供支撑服务，包括平台的身份管理、权限管理、智能合约管理、区块链管理、数据共享管理等。

（4）应用层

该层中的区块链数据标准与接口适配，用于完成功能模块的封装，为应用层提供简洁的调用方式。通过基础服务层提供的各类基础服务，将这些模块化的基础服务进行组装，并结合业务场景的各自需求支持供应链协同、采购等多种业务应用。应用可通过客户端、门户网站等形式对外开放，供企业内部及外部合作伙伴使用。

## 5.3.4 "双链融合"的评估

如何在"双链融合"的实施和执行过程中确定绩效，不仅关乎"双链融合"的价值，而且关乎"双链融合"能否持续改进和发展。因此，本书将"双链融合"的评估指标建立在"双链融合"执行框架的几个关键要素上，分别对"双链融合"的行动力、技术、风险和生态进行评估，使企业能够及时评估从顶层规划到具体实施的整个过程中关键环节是否偏离"双链融合"的初衷，有助于企业及时发现问题并采取相应的完善措施，不断完善"双链融合"理论和技术方案,最终形成具有企业自身特色的"双链融合"理论体系。

## (1)行动力评估

行动力是决定"双链融合"能否快人一步完成部署、实现行业领先的关键性推动力量,是"双链融合"得以顺利落地在组织层面的保障。因此,行动力评估是衡量"双链融合"进展顺利与否的指标。主要指标如表5-2所示。

表 5-2　行动力评估指标说明

| 指标名称 | 指标释义 |
| --- | --- |
| 企业战略引导力 | 指企业对"双链融合"的重视程度,通过判断企业是否将"双链融合"写入战略规划,并对其实施路线、关键事项进行明确说明等细节进行度量。战略层面的认可和支持在很大程度上决定了"双链融合"的成败 |
| 执行效率 | 指执行团队的实际施工周期与项目计划实施周期之比。对该指标进行度量,有利于增强执行团队的行动力,加快"双链融合"的推动进程 |
| 执行效果 | 指"双链融合"落地后对物资供应链业务带来的切实改变,可以通过调研物资供应链业务人员对新变化的满意度进行评价。对该指标进行度量,能够较直观地判断"双链融合"是否解决物资供应链中存在的紧迫问题,是否给业务带来便利,有利于"双链融合"实施方案的纠偏 |

## (2)技术评估

技术手段是支撑"双链融合"落地的基础。物资供应链中成员变化频繁,业务创新频发,技术评估是对"双链融合"能力的考量,其评估指标在一定程度上能够反映"双链融合"的成熟度。本书主要从可扩展性、操作友好性和性能3个方面展开评价,如表5-3所示。

表 5-3　技术评估指标说明

| 指标名称 | 指标释义 |
| --- | --- |
| 可扩展性 | 指"双链融合"的底层技术架构是否支持不同的引擎，新成员加入受到的约束是否强烈。对该指标的度量，能够判断"双链融合"底层架构的兼容性优劣，通过该指标可以预见企业构建生态圈时的难度高低 |
| 操作友好性 | 指经过区块链改造后的数字化物资供应链在业务端和后台进行操作和维护的难易程度。该指标的度量结果能够作为评价"双链融合"成功与否的辅助性指标 |
| 性能 | 指"双链融合"架构下各项业务的处理速度。通过对该指标的度量，能够帮助企业了解"双链融合"基础上构建的业务系统和生态所具备的最大承载力 |

（3）风险评估

"双链融合"是针对物资供应链业务系统进行的创新性改造，在行业内可供参考的案例并不多。因此，企业在实施"双链融合"的过程中会伴随一些未知的风险。为避免这些风险在物资供应链网络内部形成连锁反应，企业应当在"双链融合"的过程中开展风险评估。本书主要从合规性、安全性、权益纠纷和投入产出比度量"双链融合"在企业之间和企业内部可能引发的风险，如表 5-4 所示。

表 5-4　风险评估指标说明

| 指标名称 | 指标释义 |
| --- | --- |
| 合规性 | 指企业由"双链融合"引发的违规事件数量与企业物资供应链业务总违规事件数量之比。对该指标进行度量，能够帮助企业排查"双链融合"中的漏洞 |
| 安全性 | 指企业由于采纳区块链技术产生的安全漏洞数量与企业信息化系统总漏洞数量之比。对该指标进行度量，能够帮助企业判断技术融合成功与否，有利于查漏补缺 |

（续表）

| 指标名称 | 指标释义 |
|---|---|
| 权益纠纷 | 指企业由"双链融合"引发的纠纷事件数量与企业供应链业务总纠纷事件数量之比。对该指标进行度量，能够帮助企业优化"双链融合"的业务架构，有助于平衡各方利益，提高企业内部各部门、外部各合作伙伴对"双链融合"的认可 |
| 投入产出比 | 指企业推动"双链融合"的全部投资与一定周期内带来的价值增加之比。对该指标进行度量，能够帮助企业评估"双链融合"的经济效益。该项指标能够帮助企业判断实施"双链融合"是否帮助企业降本增效 |

## （4）生态评估

构建生态圈是物资供应链数字化转型的重要目标，"双链融合"是实现这个目标的关键举措。对生态构建情况的评估能够反映"双链融合"给企业物资供应链带来的良性改善，有利于企业对"双链融合"的价值做出直观评价。本书主要从影响力、互惠性、异质性、紧密度4个方面进行评估，如表5-5所示。

表 5-5　生态评估指标说明

| 指标名称 | 指标释义 |
|---|---|
| 影响力 | 指物资供应链生态圈中的大中型企业占总主体数量之比。通过该指标能够以年度为单位衡量影响力变化，也能从侧面对物资供应链生态圈中合作关系的稳定性做出评价 |
| 互惠性 | 指物资供应链生态圈中各主体对价值分配合理度的认可。互惠性是对物资供应链生态圈平衡与稳定的考量，健康的物资供应链生态圈应该具备合理的价值分配机制，这样有利于促进各方之间实现共赢 |
| 异质性 | 指物资供应链网络中区别于传统合作伙伴的参与者（这些异质性伙伴可以是投资商、标准制定机构、政府和社会公共服务机构等）的数量与总参与者数量之比。通过该指标可以窥见物资供应链生态圈价值创造的空间，良好的异质性能够丰富物资供应链生态圈功能 |
| 紧密度 | 指整个物资供应链生态圈中成员之间互动、联系的紧密程度，可以通过成员间共享信息的数量和互动频次进行衡量。通过该指标可以洞见物资供应链各主体之间相互依赖的程度，区分合作伙伴的等级 |

第 6 章

华能集团"双链融合"的
智慧物资供应链体系

中国华能集团有限公司（简称"华能"或"华能集团"）深刻把握能源革命和数字革命带来的新机遇，研发打造了能源电力物资供应链"双链融合"的创新模式，形成了目标清晰、路径明确、配套合理的"双链融合"体系建设方案，促进了能源电力生态圈用户信用价值共享，构建了高质量、可持续发展的能源电力物资供应链体系。

# 6.1 华能集团物资供应链建设基础

## 6.1.1 "双链融合" 的背景

华能集团是发电行业领先的中央企业，电力结构调整、科技变革及激烈的市场竞争促使华能集团步入新发展阶段。华能集团紧扣国资委关于央企采购与物资供应的管理要求，牢牢把握实现科技自立自强的重大战略部署，紧跟 "双碳" 目标下加快能源转型的发展大势，发展过程中在顶层规划方面为 "双链融合" 创造了良好的环境。

（1）物资供应链改革的背景

2011 年，华能集团开始全面推进采购与物资集约化管理，在采购和物资供应链服务方面分别建立了较完备的制度体系，在总装机容量增长的前提下，仍实现了库存总额下降。在物资管理方面，华能集团根据物资的品类特点实行多种采购方式并存的管理模式（发电关键设备联储、通用品框架协议采购、低值品电子商城超市采购），带来了数亿元的直接收益。

华能集团通过集约化手段在招标代理及设备监造方面取得了一定的行业领先优势，但在物资供应服务方面仍存在不足。例如，物资供应招标代理的界面划分不明，造成采购环节各部门的责任难以清晰划分；集团缺少覆盖全面的仓配体系，造成物资配送效率得不到保障；集团旗下各单位的物资管理发展不均衡，造成物资采购时难以发挥集团优势。造成上述问题的根本原因在于集团没有明确的集中物资供应服务主体，这也间接导致华能集团在物资管理方面缺乏专业运营团队，进而导致物资管理业务研究与创新能力不足。

为解决上述物资供应服务主体缺失的问题，2020年，华能集团建立了物资供应中心，并以此为载体构建了集中物资供应服务体系，为自身各级单位提供集中物资供应服务。物资供应中心的成立有助于华能集团充分发挥规模优势，保障物资需求，降低供应成本，构建确保安全、库存最低、动态补充、调控灵活、内外协同、智慧共赢的物资供应体系。华能集团结合物资供应服务情况实施集中物资供应服务三年规划，明确各阶段的发展目标，为促进集中物资供应服务平稳、有序发展奠定了坚实的基础。

（2）数字化转型的背景

近年来，为落实党中央、国务院关于推动新一代信息技术与制造业深度融合、打造数字经济新优势等决策部署，根据国资委《关于加快推进国有企业数字化转型工作的通知》的要求，华能集团推出了《中国华能集团有限公司加快推进数字化转型工作方案》（简称"工作方案"），持续加大在数字化、信息化方面的投入。工作方案提出推进产业数字化转型及管理数字化转型，强调技术赋能，提到要加快区块链等技术的应用，同时提出加快发展包括电子商务、数据资产运营、共享服务、平台服务、产业链生态协同平台在内的数字产业，将加快建设智慧供应链示范项目纳入重点工作。工作方案的发布为华能的物资供应链建设工作指明了方向，奠定了物资供应链数字化转型的制度基础。

为进一步加快集团区块链应用创新、发挥新一代信息技术在能源生产管理中的重要价值，落实"数字华能""智慧华能"战略，华能集团先后发布了业务数字化转型的相关政策，鼓励并支持区块链在相关场景的创新应用。例如，华能集团在《数字化转型总体规划》中提到把握数字化、网络化方向，充分利用互联网、大数据、云计算、人工智能、区块链等技术，对传统能源产业进行全方位、全链条的改造。《中国华能集团有限公司物资供应中心"十四五"专项规划（2021—2025）》提到将区块链、大数据等新一代信息技术运用到更多的供应链环节中去，搭建数字化的供应链基础设施，推动供应链管理创新发展，进一步提升集中采购水平、强化供应链保障能力、降低采购成本。

华能集团在政策和实践两方面高度重视物资供应链数字化转型，在推进物资供应链数字化转型过程中十分重视利用区块链解决痛点问题，在采购及物资管理工作中多次提及加快将区块链技术应用于供应链管理实际业务，充分发挥区块链在数据存证、数据共享、建立互信等方面的技术优势，深化区块链技术应用，推进区块链技术在跨机构物资联合储备、供应链上下游信息共享、多方在线协同等场景中实现应用落地，全面开启建设"双链融合"的智慧物资供应链数字化转型新征程。

## 6.1.2　物资供应链业务基础

华能物资供应链建设工作以物资统一供应流程为主线，贯通需求计划、采购、物流仓储、交付结算、供应商协同等核心环节的物资供应链相关信息系统，并结合需求、品类、定额、仓配等数据工具在物资供应中的有机应用，实现集中物资供应全过程的数字化、智慧化、可视化。现阶段，华能集团已经实现了物资供应链重点环节的线上贯通，为进一步整合内外部资源，提高物资管理的智能化、自动化水平，有效推进物资与采购管理降本增效奠定了基础。

从整体来看，华能物资供应链体系建设在聚焦各细分业务领域的同时，推进技术创新、模式创新、生态构建、组织建设、品牌塑造等方面工作，形成了覆盖范围全面、智能化特征鲜明、保障体系健全的物资供应链体系，如图 6-1 所示。尤其是在以下几个方面取得了显著的成效。

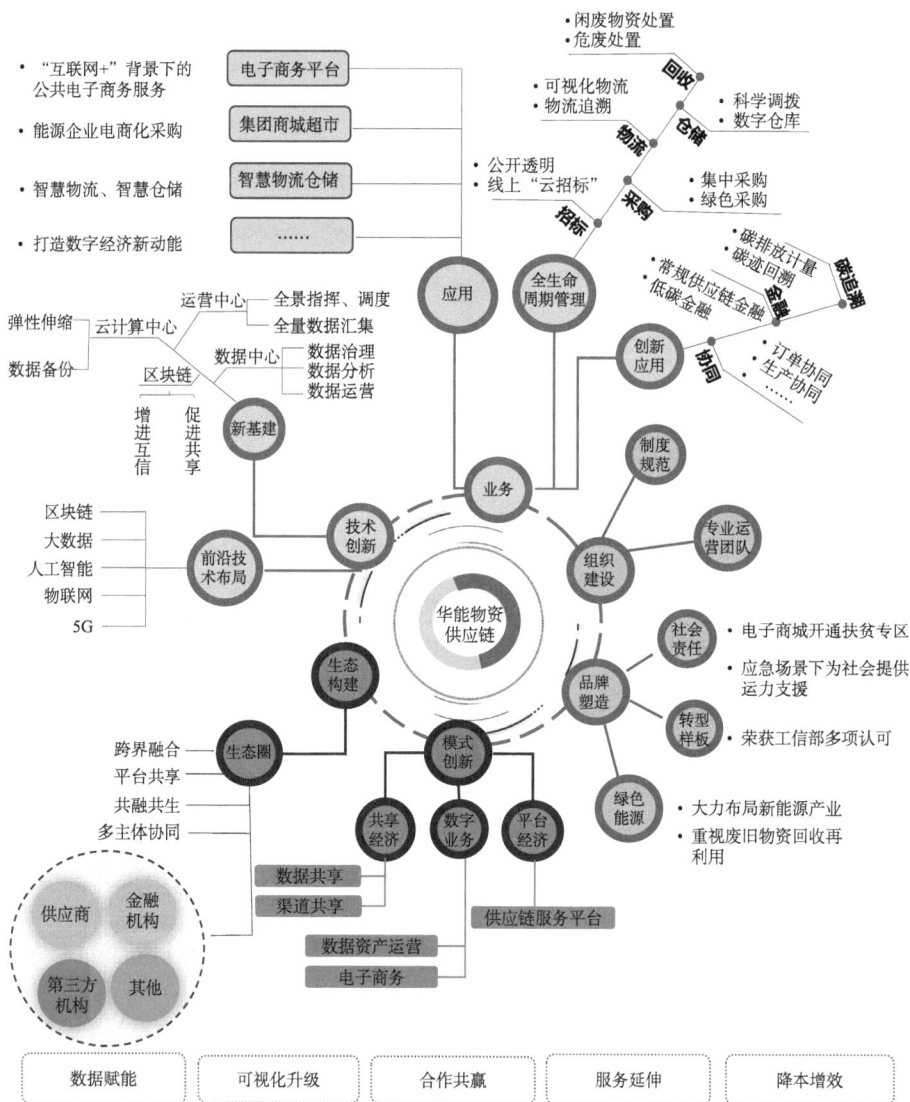

**图 6-1　华能物资供应链全景图**

（1）物资数据价值得到充分利用

华能应用数据中台，完成物资需求分析、品类分析，以及仓配规划所需数据的采集、清洗、加工、模型编码与部署、验证和工具开发。华能对物资数据进行智能化分析，并将分析成果应用于框架协议采购、联储物资甄选、即时供应物资需求预测、全集团平衡利库[①]与经仓调配[②]策略等场景。数据价值得到释放，为集中物资供应工作提供智能化决策支持，显著提升了物资供应链的数字化、智能化水平。

（2）物资供应全流程实现可视化升级

华能积极推进物资供应链全流程可视化升级，推动物资线上选购、物资供应链指标、物资运营管理等多个环节的可视化管理，以可视化、移动化的手段实时展示物资与采购重点管理指标，助力各级单位及时掌握物资与采购管理经营状况，提高管理效率。

在物资线上选购可视化方面，华能将电商化选购的新模式与生产管理、物资管理等内部管理流程相融合，完成了可视化选品功能开发，提升了产品信息的直观性，进而提升了选购效率、商品信息规范性及用户体验。华能以集团商城超市为载体，实现了物资线上选购可视化。

在物资供应链指标可视化方面，华能依托数据中台开发了手机端和网页端的物资供应指标可视化应用，物资供应链的重要指标与分析结果得到实

---

① 平衡利库是指企业通过打通物资需求端与供给端的信息壁垒，消除物资总需求和总供给的数量差异，综合考虑物资库存后得出采购数量的过程。企业通过平衡利库实现供需双方的动态平衡。

② 经仓调配是指企业在物资管理部门的组织下，针对已分配到各部门、各单位的多余或不适用物资，开展互通有无、以余补缺的协调性工作。

时更新和可视化呈现，为物资供应管理人员提供了更便捷、更人性化的数据看板。

在物资运营管理可视化方面，华能通过集成采购管理平台、集团商城超市、物资供应链协同系统、智慧物流仓储模块等信息化系统和应用打通物资信息流链路，初步实现了从需求提报到确认收货的物资供应链运营过程可视化跟踪与管控，如图 6-2 所示。

**图 6-2 物资供应链运营过程可视化跟踪与管理**

## （3）上下游合作伙伴之间实现业务互通和信息共享

华能开展物资供应链协同系统研发建设，通过开发统一的标准接口，将外部重点供应商的 ERP、销售及排产等系统的生产数据和华能集团内部数据中台接入协同系统，与上下游供应商之间实现信息共享与协同。华能通过物资供应链协同系统拓展了物资供应链信息共享和业务协同的范围，促进了资源优化配置，实现了物资供应链资源与需求的及时、精准匹配，显著提升了物资供应链协同水平，达到了物资保供和降本增效的目的。

（4）末端服务与监管得到极大的改善

华能将智慧物流能运模块融入集中物资供应服务体系，强化了物流配送支撑力度，缓解了集中物资供应最后一公里送货问题。智能物资服务站在试点单位投运，提高了仓储管理效率，降低了成本，优化了工作体验。物资管控措施延伸至生产现场，确保物资如实、如数领用，拆旧物资统一退回仓库保管，废旧物资及时、集中处置。华能通过智能化硬件部署、信息化管理手段将服务与监管不断向下延伸，既提升了基层单位的体验，同时也提高了物资供应链管理主体部门的管理效率。

（5）物资供应链对企业降本增效的作用显现

华能通过综合应用采购管理平台、集团商城超市、智慧物流能运模块等信息化系统，形成即时供应模式，实现物资即到、即领、即用，既提升了物资供应效率，也为合理设置库存、减少资金占用提供了途径。华能充分将软件系统与 RFID 等智能硬件设备相集成，实现无人值守、自动结算、随时领取的仓储数字化管理，将仓管员发料升级为领料人自动操作，节省人工，减少差错，保障全天随用随取，提高物资供应服务效率，降低物资管理人工成本。

## 6.1.3  智慧物资供应链业务体系

华能的智慧物资供应链业务体系涵盖智慧采购、智慧物流、闲废物资处置、内外协同及全生命周期管理，如图 6-3 所示。

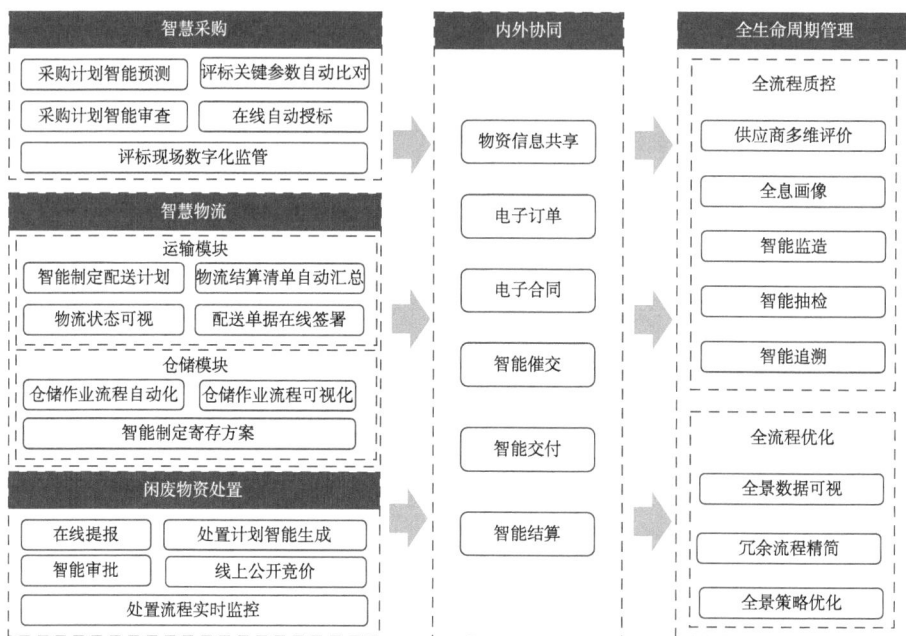

图 6-3　智慧物资供应链业务体系

（1）依托智慧采购，实现物资合理配置

智慧采购模块包括采购计划智能预测、采购计划智能审查、评标现场数字化监管、评标关键参数自动比对、在线自动授标等业务。华能利用物联网、大数据、区块链等技术分析物资供应链全链物资和业务数据，清晰、全面地掌握企业内部物资储备情况，结合人工智能算法深入分析物资的供需情况，并对采购、招投标过程进行实时监控。华能通过实施智慧采购，完成了采购计划制定与申报、采购计划及招标文件审查、投标、评标、授标等环节的数字化改造，助力企业及时、准确评估物资需求，提高采购计划的合理性、采购过程的合规性，实现采购流程自动化。

（2）打造智慧物流，助力物资可视互联

智慧物流包括运输模块和仓储模块。其中，运输模块涵盖物流状态可视、智能制定配送计划、物流结算清单自动汇总及配送单据在线签署等业务。华能利用智能设备、车联网等保障物流状态可视，实时掌握物资运输情况；利用数字化平台整合物流资源，实现运输配送智能调度及全面统筹，助力万物互联、全息感知、仓储资源高效利用；实现配送结算电子化，保障物流费用快速结算，加快供应链上资金流转，打造多方共赢的经济生态。

仓储模块包括仓储作业流程自动化、仓储作业流程可视化、智能制定寄存方案等业务。华能在物联网基础硬件建设和基础数据建设的基础上，通过仓库软硬件及数据的信息采集处理开展仓储智能化应用，实现物资入库、出库、保养检修、稽核盘点等仓储作业流程的自动化及可视化。华能运用人工智能、大数据等新一代信息技术对物资仓储情况进行分析，制定供应商物资寄存方案，在不占用库存金额的前提下增加电力企业的物资储备。这样既能满足电力企业的物资需求，又能减少供应商库存积压，缩短供应商回款周期，实现物资供应链上物资仓储的合理规划与科学布局。

（3）优化闲废物资处置，提高物资利用率

闲废物资处置模块包括在线提报、智能审批、处置计划智能生成、线上公开竞价、处置流程实时监控等业务。华能通过数字化技术及信息化平台实现闲废物资处置过程的信息资源公开、共享，解决传统闲废物资处置过程中存在的报废物资鉴定结果可信度低、闲废物资处置计划不合理、处置方案存在争议、物资回收移交不及时等问题，保障物资处置的合理性，提高物资利用率，加快闲废物资处置效率。

（4）加强内外协同，保障物资高效流转

内外协同包括物资信息共享、电子订单、电子合同、智能催交、智能交付、智能结算等业务。华能通过规范业务流程、开放标准化接口，实现标准协同、质量协同、制造协同、商品协同、需求协同、订单协同、合同协同、交付协同、结算协同。华能通过内外协同对内深化物资管理部门与生产、营销、财务等部门间协同，加强业务融合，打破信息壁垒，提高企业内部业务管理水平；对外加强设计单位、建设单位、质检单位、金融单位、供应商及上游材料生产商、第三方物流企业间的紧密合作，提高业务协同能力和资源整合能力，释放物资供应链的整体效能。

（5）全生命周期管理，实现质量管控及流程优化

全生命周期管理包括全流程质控和全流程优化两个方面，从物资质量管控和供应链优化两个角度实现物资供应链效能提升。

全流程质控包括供应商多维评价、全息画像、智能监造、智能抽检、智能追溯等业务。华能通过平台自动智能采集或作业现场移动采集等数据采集方式，全方位收集供应商资质能力、合同履约及其产品生产制造、产品监造、质量抽检、成本费用等信息，进而精准识别履约能力稳定、产品质量优越的供应商，并推动问题产品精准溯源，全面提高质控水平。

全流程优化包括全景数据可视、冗余流程精简、全景策略优化等业务。华能着眼于物资供应链全局绩效提升和整体价值创造，通过物联网、区块链等技术实现对物资全生命周期信息的全面记录、数据追溯，结合数据分析技术实现对物资供应链的整体分析，确保企业资源合理配置，提高物资供应链上物资、信息、资金的流转效率。

# 6.2 "双链融合"的智慧物资供应链建设规划

## 6.2.1 发展目标

智慧、高效的物资供应链是保障企业安全生产、促进降本增效、实现高质量发展、提高整体竞争力的基础。华能把握当前发展机遇,积极投身"区块链 + 物资供应链"融合的智慧物资供应链建设,致力于构建安全、高效、灵活、协同的高质量物资供应链服务体系,在"双链融合"数字化平台建设、物资供应服务、新领域突破、价值网络构建 4 个方面重点发力,有力支撑集团建设"三色三强三优"世界一流能源企业的目标。

(1)建成基于区块链的物资供应链平台,筑牢"双链融合"技术底座

华能将数字化平台作为推动"双链融合"发展的载体,以区块链应用服务平台为基础,建成可用易用、多方位业务支撑、组件化的物资供应链综合服务平台,旨在通过这个综合性平台达成上游供应商、核心企业、物流企业、项目单位、金融与监管五方节点上链。华能首先需要达成服务平台平稳运行,然后持续优化系统功能、提升系统性能,在吞吐量、处理速度、存储规模、并发用户数等主要性能指标上得到显著提升。

(2)优化物资供应服务水平,选取试点单位进行验证

华能首先在试点单位选取典型场景,实施"双链融合"局部验证。华能积极推动区块链底层架构与已建成业务系统相融合,将库存数据、订单明细、采购单据、资金出入明细等重要数据上链,利用区块链技术的数据不可

篡改、可追溯、多方维护、支持交叉验证等特性，保证重要物资数据的真实性、完整性。华能通过区块链技术推动物资供应链数据在生产单位、管理部门和供应商之间的安全共享，构建能够实现全过程可视化跟踪重点工程、重点物资需求、制造、交付各个环节的"双链融合"服务应用，实现物资供应链全流程业务协同。同时，华能坚定落实碳达峰、碳中和的重大战略决策部署，紧抓能源行业低碳转型契机，逐步实现物资供应链全流程碳排放数据采集、上链存证，打造能源电力行业智慧物资供应链服务标杆。

（3）全面突破新领域，推动模式创新获得长足发展

华能紧抓数字化转型契机，充分利用区块链技术优势加快发展物资供应链数字产业，着力推动区块链在电子商务、数据资产运营、共享服务、平台服务等数字业务领域的应用，培育新业务增长点。依托物资供应中心，华能推进区块链技术在能源行业电商集中采购、在线签约、上下游协同、仓单质押等各业务领域的创新应用，促进产业协同创新，推动产业生态完善。华能将加强跨界合作创新，与物资供应链合作伙伴共同探索融合、共生、互补、互利的合作模式和商业模式，培育供应链金融、网络化协同等新模式，打造互利共赢的价值网络，加快构建跨界融合的数字化产业生态。

（4）全面建成互利共赢的生态协同网络，发挥双向赋能优势

华能将依托产业优势，加快建设产业链数字化生态协同网络。通过数字化生态协同网络，华能拟引入上下游企业1000家，构建大规模协同网络，推动物资供应链、产业链上下游企业间数据贯通、资源共享和业务协同，提升产业链资源优化配置和动态协调水平。华能还将通过数字化生态协同网络在多方之间实现运力资源、储力资源、数据资源、物资供应链服务资源安全

开放,为物资供应链中的原材料供应、加工制造、物流承运等企业提供专业、全面的服务,促进资源共建共享,打造实现服务升级的良性循环的电力物资供应生态圈。

## 6.2.2 建设思路

华能的智慧物资供应链是对集团集中物资供应服务体系的继承和发展。华能在推进智慧物资供应链建设的过程中秉持统一规划、分步实施的建设原则,根据集中物资供应服务体系的建设规划,将"双链融合"的智慧物资供应链的发展划分为 3 个阶段,如图 6-4 所示。

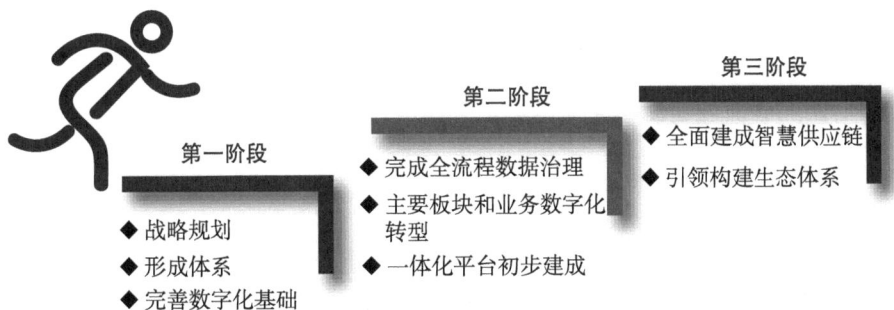

**图 6-4 建设阶段划分**

(1)第一阶段:战略规划和基础夯实

第一阶段以巩固"双链融合"基础为核心目标。在这个阶段,华能对"双链融合"进行战略规划;开展机构和制度体系建设,提供"双链融合"实施的组织保障;完善区块链底层平台、数据中心、云计算中心等基础设施的布局。通过第一阶段的工作,企业能够厘清区块链在物资供应链中的作用,制定区块链与物资供应链各环节业务结合的实施线路图。

（2）第二阶段：重点突破、引领示范、深化服务

第二阶段以完成物资供应链管理重点业务的"双链融合"转型，初步建成功能较为完善、反响良好的"双链融合"的一体化平台为目标。在具体的实施过程中，华能将率先完成区块链与招投标管理、碳排放管理、数字信用流通的融合，逐步推进基于区块链的供应商协同场景建设。在第二阶段，华能将逐步推动需求、订单、物流、仓储、财务等各系统关键数据上链存证，打造全流程、全业务数据共享和全生命周期数据回溯能力，全面提升物资供应管控能力。

（3）第三阶段：巩固提高，全面转型

第三阶段以全面建成"双链融合"的智慧物资供应链、引领构建生态体系为目标。在这个阶段，物资供应链中的数据实现可信共享，上下游企业之间的信任能够快速建立与无损传递，合作伙伴间实现业务高效协同，形成了多产业链、多系统集成的智能化生产、管理、决策体系和生态。

# 6.3 华能"双链融合"实践路径

## 6.3.1 区块链技术基础

（1）区块链基础设施

"双链融合"需要技术平台与业务实现深度融合，华能区块链为业务提供强大的技术支撑，赋能业务发展。华能区块链底层平台依托华为云区块链

服务,这是一个支持分布式并行计算、数据管理、安全加密等核心技术的企业级平台。平台能力覆盖网络服务、数据存储、权限管理、安全机制、共识机制、智能合约及其他扩展功能。在华为云区块链服务的基础上,华能对共识算法、存储网络结构等多个方面做了源码改造,使其能够支持国密算法,满足自主可控的需求。华能区块链底层平台部署在华能云平台上,能够充分使用华能云计算环境提供的计算、存储、网络、容器、安全等 IT 基础设施和云上业务系统,实现现有 IT 资源的复用。

华能区块链构建于 Docker 和 Kubernetes 之上,如图 6-5 所示。华能区块链具备极高的可靠性和扩展性,可无缝集成底层云服务,能够更好地应对大规模数据上链及处理性能等需求;支持私有链、联盟链部署方式,并规划支持混合部署方式,以满足不同应用场景的需求。

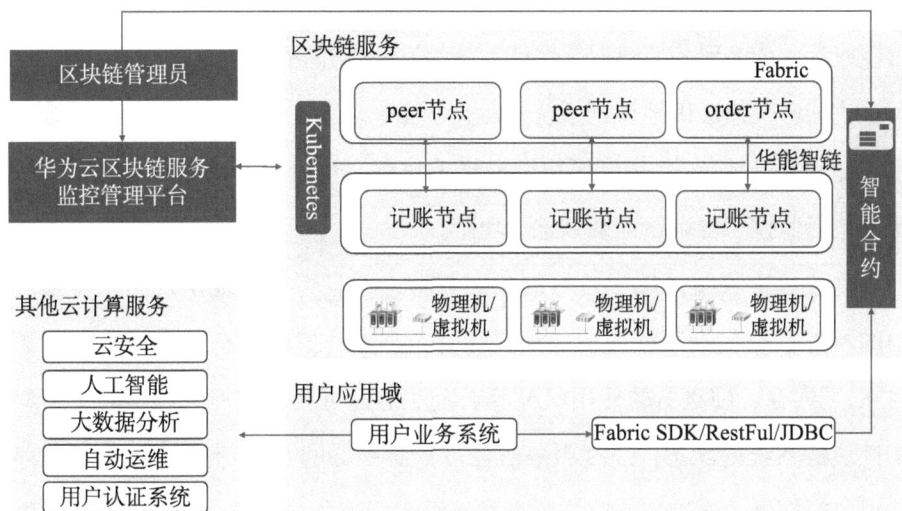

**图 6-5　华能区块链部署架构**

在核心技术方面,华能区块链兼顾安全易用、自主可控和可扩展。

在共识算法方面，华能区块链支持快速拜占庭容错共识算法（FBFT）及 Raft 算法。

在智能合约方面，华能区块链能够支持多语言合约编译，提高智能合约易用性；支持对合约访问、编辑、应用、废止、升级、注册等进行权限控制，加强智能合约安全管理；提供可并行合约开发功能服务，提升交易执行性能；支持智能合约静态扫描和形式化验证，保障合约安全合规。

在数据库方面，华能区块链支持链上节点账本数据使用弹性存储系统，实现存储的高可用；引入历史账本数据冷存储机制，提升运行效率，减少资源开销。

在加密方面，华能区块链支持 SM1、SM4 等对称加密算法，以及 SM2 等非对称加密算法，保障区块链基础服务平台节点数据安全可靠；提供同态加密库，交易过程中不暴露明文，保护数据隐私。此外，用户只有在获得授权后才能查看相关数据，保证数据的安全性和完整性。

为能够快速准确地识别系统的运行状态，以及在运行中满足其他运维需求（如程序升级等），华能区块链提供了完整、快捷、可视化的运维监控系统，包括监控、告警、运维日志等功能。

监控负责收集系统中运行的状态数据，并且可视化地呈现出来。系统中的状态数据包括系统的访问量、耗时、节点的健康状态及底层机器资源（CPU、内存、硬盘）的使用状况等。企业通过可视化监控可以实时了解整个区块链系统的状态；通过服务监控可查看服务的 CPU 使用率、物理内存使用率等信息；通过实例监控可查看组织实例信息，包括磁盘读取速率、磁盘写入速率、上行比特率（Bit per second，Bps）、下行 Bps 等信息。

告警是当系统出现比较严重的情况（如出现欺诈节点、账本篡改、机器故障等）时，系统后台向技术人员发送邮件，以便系统异常能够得到及时处理。

运维日志支持技术人员通过前台界面及后台虚拟机查看云容器引擎（Cloud Container Engine，CCE）集群和智能边缘平台（Intelligent Edge Fabric，IEF）集群下部署的华为云区块链服务各节点的运维日志；支持技术人员通过 CCE 界面查看链代码调测日志。

（2）华能区块链底层功能架构

华能在区块链基础设施之上构建区块链应用。华能区块链功能架构分为三层，从低到高分别为区块链服务层、智能合约层、业务应用层，如图6-6 所示。区块链服务层覆盖分布式账本、高性能共识算法、智能合约引擎和 P2P 网络系统，以及身份认证、数据访问等扩展功能。智能合约层可适配不同区块链底层架构，可根据需要切换到不同区块链。业务应用层借助智能合约层与底层区块链平台实现解耦，底层区块链的更换不直接影响上层业务应用功能，使业务场景具有极强的可靠性和扩展性，为应用低成本、快速地部署提供便利。

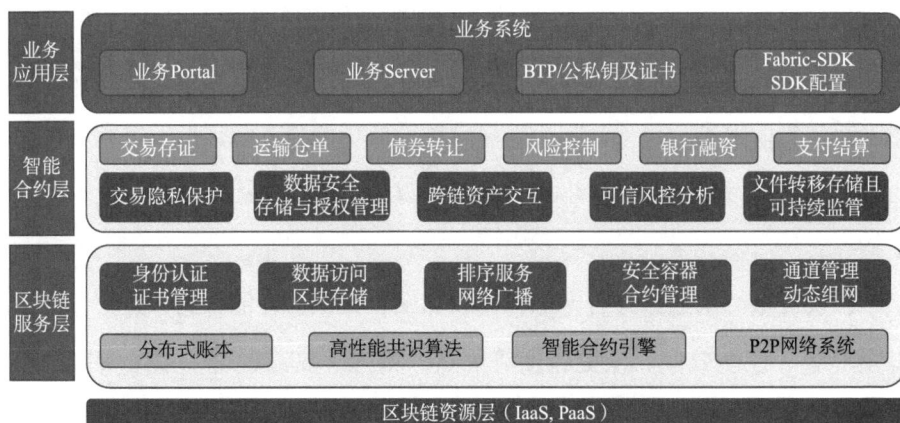

图 6-6　华能区块链功能架构

## 6.3.2 "双链融合"设计

区块链与物资供应链在主体交互、交易机制、信息管理与维护上存在耦合关系，区块链为突破物资供应链数字化过程中存在的问题提供了技术路径。"双链融合"的关键一步就是运用区块链技术建立基于区块链的新型物资供应链信息协作架构，为应用场景的搭建与落地提供底层技术支撑。基于区块链技术的物资供应链综合服务平台，可以将能源电力企业内部各需求单位与物资供应商、外部物流服务集成商连接成一个网络，网络内任意两点能够快速地进行信息共享、沟通和流程衔接，在无须第三方背书的环境中构建互信共赢的物资供应链生态体系。

在区块链类型选择上，华能考虑到现实需求、行业属性和合规性，选择通过联盟链搭建物资供应链综合服务平台。"双链融合"的物资供应链综合服务架构如图 6-7 所示。

基础设施层包括云基础、硬件基础、网络基础和数据源。数字化物资供应链中存在大量的物联网传感器、智能终端等边缘设备，这些设备可以增强物资供应链数据采集与上链的实时性。数据源包括企业内部采购管理平台、仓储物流模块等业务系统，以及外部企业。在具体实施过程中，企业需要考虑上链数据的类型、格式、大小，综合考虑区块链写入数据的效率和存储负担。物资供应链各参与方可以选择必要的数据上链，而不必将所有业务数据上链。

区块链核心层通过综合考虑数据、加密、共识、智能合约、跨链方面的安全等级、性能效率、便捷程度等因素，增强"双链融合"中区块链的可用性。在数据方面，链上节点账本数据支持使用弹性存储系统进行存储；引入历史账本数据冷存储机制，即定期对历史交易数据进行归档，减少资源开

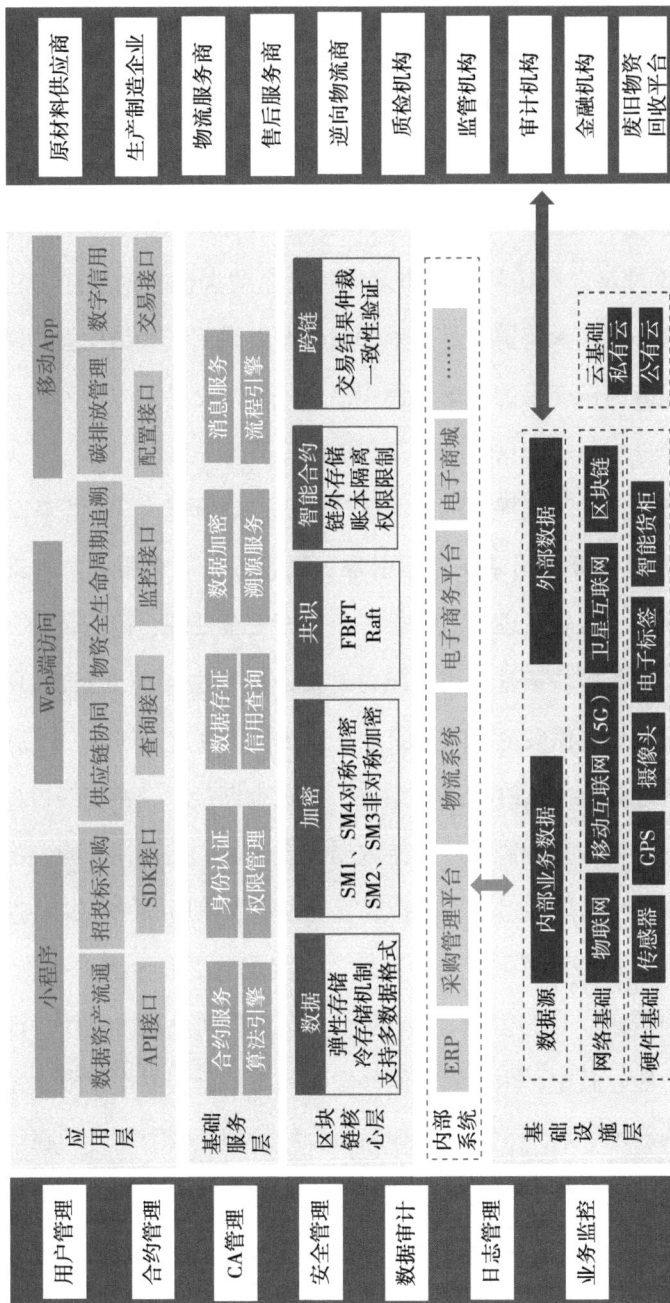

图 6-7 "双链融合"的物资供应链综合服务架构示意图

销；支持文件数据库、关系型数据库等多类数据库存储。在加密方面，区块链核心层既支持 SM1、SM4 等对称加密算法，又支持 SM2 等非对称加密算法；提供同态加密库对用户交易数据进行保护，提高安全等级。在共识方面，共识算法可根据业务场景需求进行切换。在智能合约方面，区块链核心层能够实现链码一键上传，操作便捷，运用链外存储、账本隔离等策略加强隐私保护，通过对合约访问、操作设置降低合约误操作的风险。在跨链方面，区块链核心层引入跨链交易结果仲裁机制，采用链式结构管理跨链交易确认结果，保障跨链交易的原子性操作；引入跨链交易多方行为一致性验证机制，保障跨链交易中信息传递（资产转移等）的一致性。

基础服务层借助下层提供的网络传输能力、计算能力、数据存储能力和数据分析能力提供算法引擎、流程引擎、消息服务等微服务。基础服务层还将加密、共识、区块管理、节点管理、数据安全处理、智能合约、数字身份、交易、存证等区块链基础应用能力封装为基础性服务供外部使用。区块链的加入使智慧物资供应链在数据安全、信任构建等方面的能力得到强化。

应用层通过封装的 API、SDK 组件，以及查询接口、监控接口、配置接口、交易接口等调用基础服务；支持数据资产流通、招投标采购、物资供应链协同、物资全生命周期追溯、碳排放管理和数字信用等物资供应链应用。

为更好地支持"双链融合"的落地，华能配置了安全防护与监管体系，用于支撑用户管理、合约管理、CA 管理、安全管理、数据审计、日志管理和业务监控功能。其中，用户管理能够管理用户信息与操作权限，完成用户信息与权限的新增、启用、编辑和删除；合约管理完成智能合约在区块链网络中的部署，并对智能合约的运行情况进行监控；CA 管理完成网络内成员数字证书的签发、延期和吊销；安全管理通过身份认证、密钥管理、节点准入等功能确保供应商以真实身份上链；数据审计提供可视化的数据审计和分析功能,对全量数据进行多维度统计分析;日志管理和业务监控能够对用户操作行为、记账节点与节点网关的运行状态及业务系统运行情况进行实时监控和管理。

### 6.3.3 场景落地实施思路

区块链技术具有分布式、不可篡改、可追溯等技术特性。能源电力物资供应链具有成员数量多、专业涉及面广、业务流程长等特点,存在数据共享难、协同效率低、多方信任障碍等问题。区块链具备的技术特性与能源电力物资供应链的业务痛点高度契合,使其在能源电力行业具有广泛的应用场景。华能集团在实施"双链融合"的过程中,根据区块链技术特性与业务需求,将能源电力物资供应链中的业务划分为业务监管类、存证溯源类、数字信用类及协作共享类,分类探索解决方案。

(1)业务监管类

区块链技术应用于物资供应链能够提高数据透明度,在业务监管方面具有技术优势,可应用于招投标采购、燃料数据监管等场景。发电企业在物资招投标采购中引入区块链技术,采用授权访问的形式保障合同内容的隐私性,将合同签订、变更、归档的过程和结果数据上链存证,区块链的数据不可篡改性可以保障合同信息的安全完整,便于实施监管。在燃料数据监管中,发电企业通过结合区块链与物联网,将生产现场的燃料状态、质量等数据实时采集上链,同时将燃料管理系统中的重要数据采集上链,实现多方数据对比,达到加强燃料监管的目的。

（2）存证溯源类

区块链的数据不可篡改及可追溯特性为存证溯源提供了可靠的技术支撑，可应用于物资全生命周期追踪、碳足迹管理。发电企业物资种类多，数量大、价值高，但受限于物资使用与存放地分散、内部系统尚未完全贯通等条件限制，物资（特别是价值高的固定资产）缺乏有效管理。发电企业可以借助区块链打通外部物资供应链各参与方及监管部门等主体的数据共享链路，将采购、库存、物流等关键数据上链，使数据存证更真实；打通内部物资库存、使用、报废等各环节，记录和共享各环节的最新业务状态，助力实现物资精准溯源、物资全生命周期穿透式追踪与管理。发电企业物资供应链中涉及大量的工业制品，物资供应链全链条排放量高。发电企业为打造绿色物资供应链，实现全链碳排放溯源是首要任务。区块链能够保证基础性碳排放数据（直接排放数据、间接排放数据）真实可靠，进而为发电企业开展物资供应链碳排放数据的核算、追溯提供保障。区块链具有的数据可追溯性还能够帮助发电企业筛选绿色供应商，倒逼供应商减少碳排放，赋能绿色物资供应链生态建设。

（3）数字信用类

区块链技术能够保障上链数据公开透明、全程可追溯和不可篡改，通过技术手段在不同的社会主体间达成共识，催生一种新型社会信用机制；能够实现信任跨机构、跨层级传递，可应用于供应链金融、数据资产流通等业务场景。在供应链金融场景中，发电企业与供应商之间的应收账款、交易合同、电子发票等可以上链存证，实现债权的多方共识、确权。在融入了区块链技术的供应链金融场景中，无须第三方担保就可以形成一种集体维护、可信的数字化交易环境。在基于区块链打造的交易环境中，债权凭证不仅可以流转,还能够进行拆分,供应商可以通过基于区块链生成和发放的债权凭证向金融机构获取融资。在数据资产流通中,区块链能够助力实现资产登记确权、资产交易全过程留痕,提升数据价值,加速数据要素流通。

(4)协作共享类

区块链的分布式架构、加密机制能够促进数据安全共享,助力破解"数据垄断"和"数据孤岛"问题,为规模化协作提供解决方案,可应用于物资供应链协同场景。跨部门、跨机构的供应链协同往往由于数据存储在各自独立的数据管理系统,难以互通共享,因而降低了跨部门、跨机构的协作效率。在物资供应链的需求提报、采购协同、仓储协同、运输协同、结算协同等细分场景,各业务节点的企业将业务系统的数据实时加密上传到区块链,区块链能够为各方共享的数据设置授权访问,在不暴露数据明文的前提下实现数据计算,促进数据流通与共享,提升物资供应链的运作效率。

## 6.3.4　风险管控措施

在法律风险管控方面,华能的"双链融合"的前期规划场景主要集中于企业内部的各类业务平台和系统,在"双链融合"尚未推出行业标准的背景下将可能存在的风险降至最低。

在技术风险管控方面,华能将基于区块链的供应链应用和系统部署在华能集团私有云环境中,与外部互联网进行物理环境隔离。私有云平台除了提供计算资源、存储资源、网络资源以外,还提供安全资源,如 WAF 防火墙、入侵检测、病毒查杀、行为审计等,能够有效抵御病毒入侵或非法人员进入系统。同时,私有云平台也具备定期对云服务器、数据库进行数据备份恢复的能力,可以有效保障系统数据安全。华能通过统一规划 IP 地址访问列表,在防火墙和交换机上设置白名单策略，严格限制外部互联网访问权限，建立基于节点角色的授权体系，能将用户的权限限制到具体功能和数据项目的某一项或多项具体操作上，准确授予用户职权范围。华能还通过超文本传输安全协议（Hyper Text Transfer Protocol Secure，HTTPS）、敏感数据加密的方式防止通信数据被窃取。

在商业化风险管控方面，华能在推进"双链融合"之初便开展顶层设计，明确智慧物资供应链的建设蓝图，充分调研企业内部各物资使用部门对物资供应工作的需求，梳理物资供应现有信息化基础，对区块链的价值进行深刻剖析，综合考量业务需求、自有基础、技术特性多方面因素，提出"双链融合"的实施路线，确定率先开展"双链融合"的应用场景。同时，华能在实施"双链融合"的过程中强调与整个集团数字化发展战略相契合，有效降低"双链融合"在推进过程中的风险。

# 6.4 推动"双链融合"的配套措施

## 6.4.1 组织建设

华能通过强化组织建设，保障"双链融合"顺利推进。

（1）制度保障

为了"双链融合"的智慧物资供应链建设任务能够顺利推进，华能出台一系列工作方案及配套工作机制，明确总体目标和建设任务，全面保障项目成功实施。华能还调集物资供应业务部门精干人员，成立项目专项工作组，对项目进行过程管控，定期跟进项目进展，对齐目标，及时发现问题、防范风险，确保信息高效传递，确保项目按照既定的计划有序、高效地推进。

（2）人才培养

人才作为企业的核心资源，在推动企业快速持续发展方面发挥巨大作用。尤其是在信息技术迭代周期缩短、物资供应链管理重要性越发凸显的背景下，把握住人才就是把握住了未来发展的机遇。华能从强化人才培养、建设人才库和加强培训与实践方面入手，形成了党组统一领导下的多业务条线密切配合的人才选拔与培养机制。在人才培养方面，华能出台了文件为有计划、有部署、有层次地开展人才培养工作提供明确的路径遵循。在人才库建设方面，华能通过全球公开招聘、高校毕业生选拔等多种途径建立了人才库。在培训与实践方面，华能利用行业影响力集中优质资源对员工进行专业化培训，同时采取岗位实训的方式帮助人才积累实践经验，提升业务水平，多措并举保障人才队伍持续壮大。

## 6.4.2　标准制定

华能不断固化标准化文件和服务表单，完善物资主数据标准规范，进而推动采购标准化、物资管理标准化。标准化工作为数字化转型的深入推进，最终提升物资管理精益化水平、提高物资供应链运营效率、构建智慧供应链奠定了基础。

（1）标准化文件固化与应用

华能作为大型发电企业，其同类型设备和物资数量多，使推行标准化具有较高的可行性。

① 标准化招标文件

为进一步规范电力生产运维类招标采购管理工作，华能招标公司对电力生产运维类采购策略进行了专题研究，并征求安监部、部分区域公司和基层电厂的意见和建议，起草编制了《华能电力运行与维护类采购项目招标文件范本》（11 套基础范本、51 套一级集采专业范本和 234 套二级集采专业范本），已在全集团下发试用。实施招标文件标准化能够精准辅助评标，供应商按结构化数据填报，帮助投标人避免因漏掉响应指标而被废标。利用专业模块和要素定位技术，评标专家在评标环节只需对投标文件的报价响应表一键点击，即可快速、精准定位。结合价格计算模型，系统可自动生成评标结果和评标报告。

② 标准化物资框架协议文件

华能物资供应中心按照有关要求成立标准化建设协调小组和实施小组，根据品类全覆盖的原则充分调动有关资源，分批次组织编制完成了 6 套基础范本和 67 套框架协议专业范本。其中，框架协议专业范本包含火电类 41 套、风电类 9 套、煤业类 2 套、水电类 2 套、新能源基建类 10 套及通用类 3 套，目前均已在物资供应中心内部开始试用。自试用以来，集团公司组织物资供应中心积极收集试用反馈问题，多次组织系统内从业人员、系统内外部专家和标准化结构化工作小组成员进行讨论，提出修编意见，并根据修编意见对标准化结构化采购文件进行优化完善。

（2）主数据标准化

统一的物资编码是实现不同平台间数据交换的基础和关键。目前，华能的物资编码共有 7 大类 60 多万条。在物资编码库的基础上，华能建立了包括物资价格多维信息库、物资品牌库、供应商库、分析模型库等在内的信息资源库。同时，在确保安全的情况下，华能电子商务平台与第三方平台实现了对接，共享市场主体、价格等交易数据，分析比对主要成本因素，验证华能物料等采购的合理性。庞大的标准化物资编码体系支撑起了华能物资采购数据共享和科学采购。

## 6.4.3 安全保障

华能在 "双链融合" 技术实施层面高度重视安全，通过多种手段全力保障网络信息安全，为 "双链融合" 提供稳定的技术环境。在服务器防火墙方面，华能为服务器安装并启用防火墙，通过设置白名单控制允许通行的端口和 IP。在访问控制方面，华能采用权限认证框架，对所有服务进行访问控制，禁止无认证和匿名用户访问。在应用服务部署方面，华能以高可用集群模式部署应用服务及各服务中间件，并支持负载均衡。在数据库部署方面，华能以高可用集群 / 分布式模式部署数据库及其他数据存储服务，禁止无 IP 限制、无密码访问。在数据灾备方面，华能对数据及文档资料提供全量、增量备份，可进行快速数据恢复，以保障生产。

第 7 章

华能集团的"双链融合"
场景应用

华能集团持续深入开展"双链融合"创新实践，积极推进国家"区块链＋能源"创新应用试点工作，依托国家级创新试点项目打造了基于区块链技术的能源行业智慧供应链服务体系，业务已覆盖物资采购、燃料数据管理、能源电力数字信用等领域。同时，华能集团顺应绿色可持续发展与数字经济发展趋势，积极推动区块链延伸至碳足迹追溯、物资全生命周期管理、数据资产流通等领域，打造覆盖物资供应链全流程的多类型应用场景，助力能源行业高质量发展。

## 7.1 物资招投标采购

（1）业务场景简介

物资招投标采购是指通过招投标的方式，选择符合招标方要求且具有良好信誉和标书完成能力的投标方的过程。常规的招投标一般是在线下进行，招标企业、投标企业需要到现场参加招投标活动，整个过程成本高、周期长。数字技术广泛应用以后，招投标工作也开启"云模式"，便利了商业活动开展。华能集团为进一步优化线上招投标业务体验，将区块链技术融入线上招投标业务，打造了高效、安全、可控的线上招标区块链平台。

（2）区块链解决方案

华能集团在研发招标区块链平台时，将区块链与招评标流程相结合，将招、投、开、评、定各阶段的重要数据上链存证，提升自身的招标采购公信力，如图 7-1 所示。

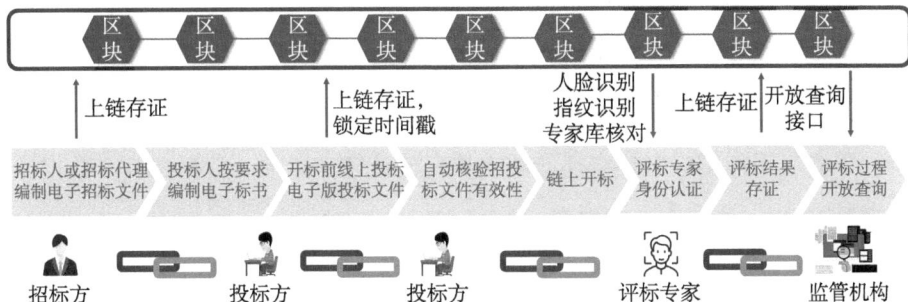

图 7-1　基于区块链的招投标

在招投标过程中，发电企业作为招标方发起招标，可以将电子招标文件公布在区块链电子招投标平台上，各投标单位可凭借时间戳和哈希值获得唯一旦可信的电子招投标文件。

在招标环节结束后，各投标方按照项目要求将编制好的带有电子签名的投标文件加密上传至招标平台服务器，同时将加密文件的哈希值、时间戳及投标文件的访问记录等信息记录在区块链中。

在到达设定的开标时间节点时，基于预先设定的前置条件或人工触发，招投标系统自动提取该招标项目生成的唯一私钥，然后从服务器自动提取招标文件并对其进行集中解密，保存到指定文件目录或在线阅读。招标业务管理人员利用上链的哈希值、时间戳及所有对投标文件的访问记录等信息，检查解密后的投标文件是否与原文件完全一致。

确认投标文件有效后进入评标环节。该环节可通过智能合约自动选取评标专家，借助指纹识别、人脸识别等技术实现对评标专家链上身份的可信确认，确保专家独立评标。评标规则通过智能合约进行投放。由于系统中各节点的匿名性，虽然投标各单位与虚拟账户存在一一对应关系，但具体对应关系并不能被得知，从而防止围标、串标，保证招标公平公正。在规定的时间内，智能合约根据评标情况自动生成评标结果并将其上链存证，避免人为因素的干扰，评标专家将评审后的结果上链作为凭证。所有评标相关信息均可在区块链中进行长期存证，并可支持证据一键提取。

华能集团的招标区块链还能够支撑资信认证，以单一数据源、多数据源的资信认证与评估为应用场景，针对资信数据存储与归档方法、资信数据融合方法、跨机构服务开展资信计算模型的设计，通过技术与应用的双重突破，拓展集团数据业务生态，建设招标采购场景下的资信服务体系。

（3）应用成效

华能集团通过将区块链融入物资招投标采购，在以下几个方面取得了显著的成效。

第一，加强电子招投标业务的数据安全。华能将电子招投标数据安全传输至区块链，实现重要文件的安全维护，通过数据加密与授权访问充分保障投标企业数据的完整性和机密性。分布式记账模式使攻击者几乎不可能伪造和窃取数据，充分保障投标人的信息安全与权益。

第二，提升全流程的透明度和可信度。基于区块链的电子招投标可以对各个重要节点进行哈希值存证和时间戳记录，使整个招标流程在可控、可靠的环境下执行，避免发生利用虚构材料博取评标优势的行为。在评标过程中，评标人能够依据真实、有效的数据进行评审，招标结果的准确性和公正性得到保障，确保招投标公平、公正、公开。

第三，增强监管的透明度。在整个评标过程中，区块链上的数据难以篡改，提高了系统内数据的可审计、可验证性；监管人员可以对招投标各节点进行溯源，监管的透明度得到加强，提高了用户对平台的信任度。

## 7.2 物资供应链协同

（1）业务场景简介

发电企业物资供应链的协同主要是通过核心发电企业联合上下游各环节的供应商，以协同机制为前提，以信息共享为基础，以协同技术为支撑，实现物资订单合同、生产制造、运输仓储、结算等全过程的信息贯通与业务联动。物资供应链协同能够在提高供应链整体竞争力的同时，实现发电企业的效益最大化。由于发电物资供应链涉及的供应商数量多、链网规模大，推进物资供应链协同发展的过程中存在以下难点。

第一，数据共享与隐私保护之间存在矛盾。合作伙伴之间出于数据隐私和安全的考虑，不愿意共享信息，阻碍系统的互联互通。

第二，数据的准确性和完整性难以保障。系统之间无法互通，使数据共享只能通过导出再传递的方式进行，在数据传递的过程中容易因为人为因素对数据的完整性和真实性造成破坏。

第三，缺乏统一的信息交互标准。大型发电集团及其合作的大型电工装备制造商通常会自建供应链管理系统，企业之间的信息化标准和数据规范存在差异，导致企业间信息交互与共享的难度大、成本高。

（2）区块链解决方案

为优化物资供应链协同效能，华能集团建设了以区块链技术为基础的物资供应链协同系统，打通了需求提报、订单生成下达、供应商生产、监造、运输、收货、结算等业务环节，如图 7-2 所示。

华能集团利用该系统创新制定协作标准，形成标准接口，用于与外部重要合作伙伴进行系统集成，进而实现与供应商在线共享产品设计选型数据及要求、供应计划、产品制造进度、库存储备等信息。物资供应链协同系统扩大上下游企业的业务协作范围，使局部性协作扩展为全过程协作。

通过该系统，发电企业的技术设计单位、物资供应管理单位、需求单位可以将设备的技术参数与质量标准、采购计划、库存数据等信息进行上链，并共享给外部供应商。外部供应商可以将排产与发货计划、生产计划、生产进度等信息共享给发电企业。通过关键信息的共享，供需双方借助供应链协同系统及时了解对方的物资需求与生产能力，能够对生产过程进行更加严格的把控，实现按需生产、即时供应。进入订单执行环节后，供应商将通过该系统同步订单状态，实现订单变更、异常情况的全过程跟踪。在结算环节，

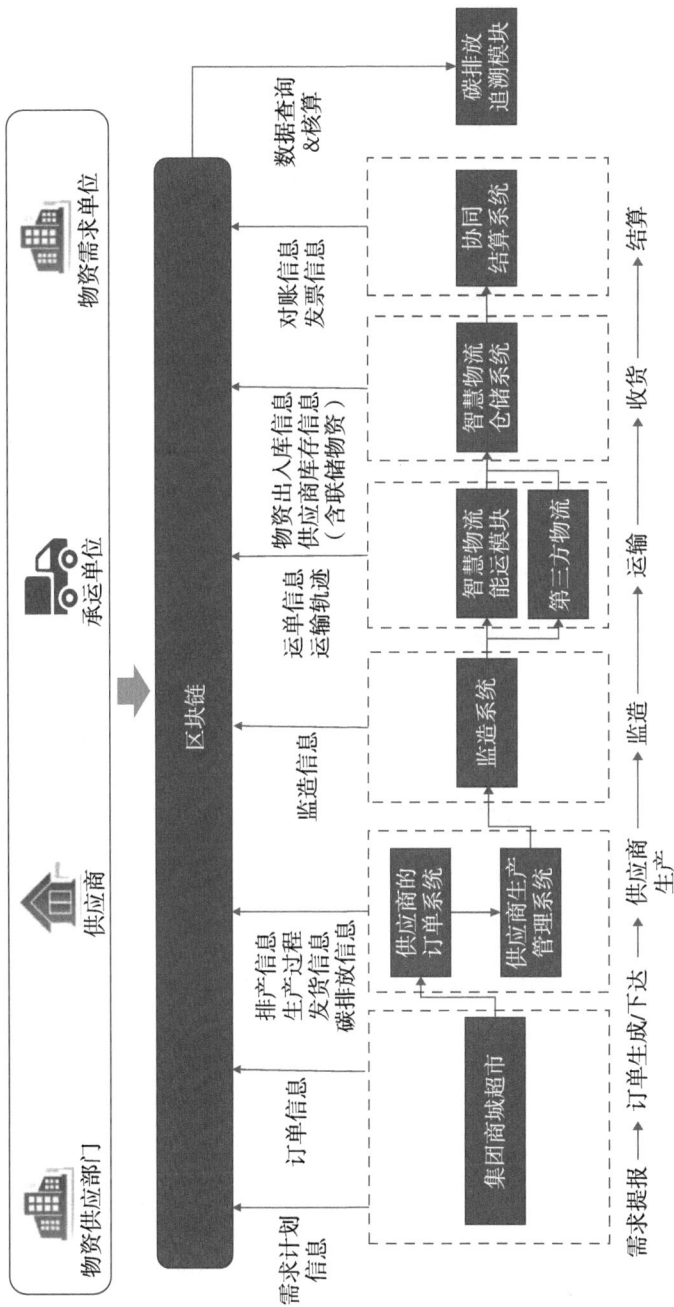

图 7-2 基于区块链的供应链协同

该系统支持对账申请、在线对账、对账审核、一键结算、开票查询等功能，保障财务结算的安全性、流动性的协调统一，以及财务资金结算全过程的可视、可控，如图7-3所示。

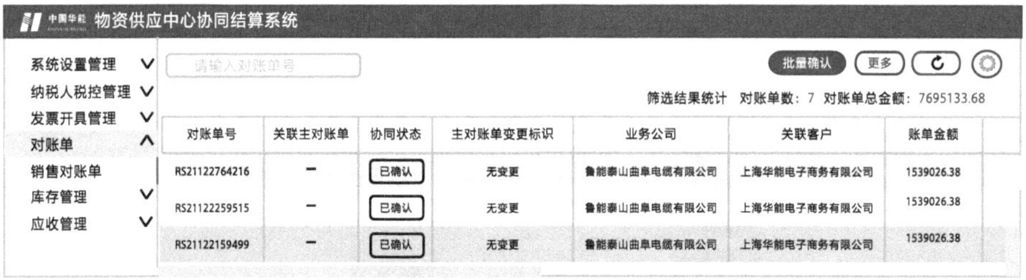

**图7-3　协同结算系统**

（3）应用成效

华能集团通过将区块链融入物资供应链协同，在以下几个方面取得了显著的成效。

第一，提升物资供应链协同能力。基于区块链的物资供应链协同系统打通了发电企业物资供应链业务各环节，使物资供应链具备了标准协同、商品协同、服务协同、设计协同、需求协同、订单协同、制造协同、库存协同、物流协同、交付协同、结算协同等多项协同能力。

第二，构建可信的物资供应链协同环境。区块链采用多方维护、共同写入的分布式账本技术，将发电企业、供应商、外部物流企业等联通在一起，改变了传统物资供应链协同中主体信息单向逐级传递的模式。区块链基于密码学、数字签名等技术，能在保护关键数据隐私的前提下实现数据的安全共享与可追溯。区块链能够强化数据管控中的多级授权访问与使用安全，建立多方安全可信的身份体系和责任划分体系，为多方信息资源共享与协同合作提供了数字化可信任的协作环境。

第三,降低物资供应链协同难度。华能在建设物资供应链协同系统时开发了标准化接口,外部供应商可以通过标准化接口与华能实现数据快速对接。这简化了外部供应商的数据接口开发工作,同时避免了接口的重复建设。

## 7.3 物资联合储备

（1）业务场景简介

物资联合储备是电厂与电厂之间、电厂与供应商之间统筹管理各自的物资,实现共同储备、共同维修、共同使用,促进循环利用,最终降低整体储备成本、提升物资保障能力的集约化管控措施。由于联储工作涉及的机构众多（包括集团总部、区域公司、基层电厂,以及物资的品牌商、制造商、渠道商及其分支机构）,而且联储物资历史背景复杂、流经机构众多,部分物资会在调配、置换、交易过程中发生权属变更。为进一步提高供应商联储物资的信息真实性、完整性、准确性,提高物资权属的清晰度,华能集团创新性地将区块链技术与物资联合储备业务相结合。

（2）区块链技术方案

华能集团为优化物资联合储备业务,以仓储二维码、物资编码作为物资的基本身份标识,应用区块链技术对物资信息进行上链,确保联储物资信息的真实性、一致性。同时,华能集团结合中心仓、电厂仓的供应商联储业务模式,将物资权属变更中的操作细节、表单变化等信息上链,实现联储物资数据互联互通,推进跨区域、跨电厂的物资联合储备。

（3）应用成效

华能集团将区块链技术应用于电厂物资联合储备，有利于保障联储物资信息在不同单位之间保持一致，还能够提高联储单位对联储物资的溯源能力。同时，结合物资供需分析、品类分析、库存分析等数据分析算法，物资管理部门可以优化资源配置，降低物资管理成本。

# 7.4 物资全生命周期追溯

（1）业务场景简介

发电企业在项目建设期和生产运营期存在大量物资需求，发电企业的成本也主要集中在这两个阶段。物资全生命周期追溯是从整体目标出发，统筹物资的需求、采购、运输、储存、配送、安装使用、检修、技改、报废的全过程，在满足物资需求的前提下，实现物资的来源可查、去向可查、用途可查、责任可查，获得物资全生命周期的最优成本。然而，实际上的物资全生命周期管理工作仍面临挑战。

第一，发电企业的物资信息复杂多变。发电企业物资种类众多、数量庞大、储存地点和使用部门分散，技改、大修和日常维护都会带来物资资产信息和价值的变化，管理难度很大。

第二，物资信息留存规范化还存在优化空间。由于工作人员变动等现实因素，物资采购与供应的数据录入经常由多人经手，易造成信息记录错误、遗漏、非法篡改等问题，进而导致账物不符、账面价值与实际价值出现偏差。

第三，物资信息追溯难，关联性仍有待加强。发电企业的组织结构复杂、业务条线众多、信息流错综复杂，给物资信息的追溯带来了很大的挑战。

为进一步加强发电物资管理，华能集团将区块链技术与大数据、物联网等技术融合，实现了物资的全生命周期管理，助力提升了集团的物资管理水平。

（2）区块链技术方案

华能集团依托区块链、大数据、物联网等技术提出了基于区块链的物资全生命周期管理解决方案。该方案贯穿物资从原材料供应到生产、使用、报废的全过程，通过全程采集、分析质量状态数据，建立数字化、全程可追溯的质量管理体系，为客户提供数字化辅助监造、质量溯源和评价服务。物资全生命周期追溯能够推动企业物资管理工作的完善，解决物资信息难追溯等问题，使企业内部各类高价值物资来源可追、去向可查，提高企业的资产监管能力，促进企业健康发展。

华能集团以区块链为底层技术基础，使区块链节点覆盖发电企业内部各基层电厂、区域公司，以及物资管理、财务等部门，结合电子标签等通信技术，实现财务管理、物资管理系统与安全生产平台之间的对接，推动物资数据互通，加强账实关联，确保物资数据可控、可查。

华能集团的物资全生命周期管理覆盖从物资需求计划提报到报废及评价的全部环节。

各物资需求单位通过安全生产管理平台提报检修计划及技改计划，并同步生成物资编码等信息，在该过程产生的信息上传至区块链进行存证。

物资需求提报之后，物资供应中心结合库存状况确定采购途径。那些通过平衡利库就能够满足的物资需求进入利库环节，并将整个平衡利库过程记录打包上链，形成物资调拨记录，准确记录物资流向；不能通过平衡利库的物资需求启动对外采购流程，需要监造的物资需要保存监造相关信息，出厂前将监造信息、发货信息、货物批次、货物数量等信息形成标签并上链存证，保障关键节点信息的可信留存。

货物到达后，仓库管理部门将到货信息、验收时间、验收人员、验收批次、验收结果及入库时间等信息写入标签，利用电子标签对资产进行标注。仓库管理员利用移动扫描设备对标签信息进行自动读取，完成对各类物资的批量入库和盘点，上链后为其生成唯一的身份凭证。每当物资出现领用、移交、处置（报废、报损、拍卖）等相关业务动态时，其状态变化同步到区块链，形成不可篡改、全链可知的存证记录，使物资的使用与流转情况全程可追溯。

（3）应用成效

华能集团通过将区块链融入物资供应链协同，在以下几个方面取得了显著的成效。

第一，增强物资全生命周期追溯能力。华能集团将区块链应用于物资全生命周期管理，将物资关键数据上链保证数据的完整性，实现对高价值物资的高度透明、可信的资产监管，确保企业能够准确地把握高价值物资的总量、构成、分布和变动，确保资产账实相符，为实现资产动态监管和有效利用提供强力支撑。

第二，有利于实现物资集中统一管理。华能集团将区块链用于电力企业的物资全生命周期管理，能够实现高价值物资从需求提报到最终报废处置的全流程一体化监管，分散的物资信息被集中到统一的分布式共享平台，为电力企业的资产投资管理、工程项目投资、物资设备资产选型和设备资产维护等各方面决策提供完整的数据链，更好地支撑电力企业全面预算及生产经营科学决策，提高资产的管理精益化水平。

## 7.5 电厂燃料数据监管

（1）业务场景简介

火电企业的燃料成本通常要占发电总成本的 70% 以上。燃料数据监管在火电企业生产经营中占有很重要的地位，做好燃料管理的效能监察，就抓住了火电企业生产经营的关键。因此，加大燃料专项监督是新形势下火电企业的必然举措。

由于火电生产所需的燃料采购金额大、管理链条长等原因，燃料管理面临舞弊风险。尽管集团在燃料管理系统中采取了大量措施以防止人为干预，但是目前仍缺乏对燃料数据流转全过程的状态展示及路径追踪，难以有效管控燃料数据，不利于结算人员的审核，也不利于供需双方的互信。

（2）区块链解决方案

华能已建成基于区块链技术的电厂侧燃料关键数据监管系统，通过集团 ERP 集合电厂侧的燃料管理系统、燃料交易系统，将燃料交易、调运等关键数据保存至区块链节点。同时，华能对电厂侧的移动端进行升级改造及优化，将电厂侧的地中衡、轨道衡、水分仪、工分仪、量热仪、测硫仪、测氢仪等设备采集的第一手数据实时上链同步给区块链节点。区块链杜绝了燃料数据被篡改的风险，确保了燃料数据的真实性和可靠性，并支持对燃料数据进行交叉验证和溯源。

（3）应用成效

华能依托区块链技术分布式、不可篡改、可追溯、透明性、多方维护、交叉验证等特性，保证电厂侧燃料关键数据的真实性、完整性，实现火电燃料从采购计划、调查存量、采购审批，到签订合同、预付货款、物流配送、入厂计量、采样化验，直至燃料消耗的全流程状态展示和路径跟踪。这个方案不仅提高了火电燃料管理全流程的透明度，还节省了跨部门、跨组织的沟通成本。火电生产单位和物资供应中心能够基于区块链清晰的监管节点和链上大数据汇总分析，对关键数据进行跟踪与监管，可及时发现不合规现象并触发预警机制。同时，电厂侧燃料关键数据能够为企业后续开展碳排放节能减排管理提供可靠的依据，对未来有针对性地进行降碳减排工作和落实"双碳"战略起到支撑作用。

# 7.6 碳足迹管理

（1）业务场景简介

碳足迹是一个计量某项活动或产品在整个生命周期过程中直接或间接产生的温室气体排放量的参数。发电企业的碳足迹应覆盖物资供应与发电生产，包括电力生产所需物资从原材料的收集到生产加工、运输、存储所产生的碳排放，以及发电作业产生的碳排放。目前，我国各行业的碳足迹管理仍处于起步阶段，面临碳排放数据监测体系与碳数据核查体系不完善、碳排放信息披露不规范、碳排放数据透明度低及准确性差、碳排放超限预警功能缺失等痛点问题。

（2）区块链解决方案

华能依托区块链技术打造了能够实现碳排放数据可信存证、碳排放监测与管理的综合型碳足迹管理应用。

华能通过碳排放采集设备与区块链平台对接，将电厂侧收集的碳排放数据实时上链，实现碳排放数据的可信采集存证；为供应商提供碳排放数据的报送接口，支持供应商上传碳排放检测报告、碳排放监测设备采集的数据，实现物资生产过程的碳排放数据采集。

为提高集团碳排放监测数据的质量，华能搭建在线连续监测系统对碳排放数据进行核查，实时获取各生产单位的碳排放信息，并对信息进行统计，准确识别错报、漏报风险；对排放因子法计算的碳排放量进行核查，降低排放因子法应用过程中滋生的人为误差风险。

为进一步优化碳资产管理，华能建立了涵盖加工制造、生产运行、维护修理、报废处置等过程的碳资产管理台账，助力碳资产的系统化、精细化管理。华能针对物资供应链各个阶段的碳排放信息进行综合分析，助力企业精准识别高碳环节，进而为精准施策提供依据。企业通过分析历史台账数据，还能够辅助计算重点排放单位的预计碳排放量，指导短期和中长期的生产策略制定与调整。

（3）应用成效

华能集团通过将区块链融入碳足迹管理，在以下几个方面取得了显著的成效。

第一，助力实现碳排放数据监管可视化。华能利用区块链的分布式账本，将采集的碳排放数据与监管节点及时共享，可有效提高碳排放数据的透明度，解决碳排放信息不对称的难题，灵活适应碳排放与碳交易信息的披露要求。

第二，加强数据的安全性。华能利用非对称加密算法对数据进行保护，防止数据被盗用和非授权访问；利用隐私保护技术，为企业的生产经营相关敏感数据提供安全保障。

第三，推动产业链上下游协同脱碳。能源产业链环环相扣，上游环节脱碳将影响下游环节减排。华能通过区块链打造产业链上下游碳排放数据的共享、共识，保证数据的互联互通互信，助力企业掌握全链条碳排放情况，定位碳排放量高的业务环节和供应商，进而针对性地进行降碳减排工作，保证碳排放量在可控、规定的范围内，对达成协同脱碳的目标具有重大的推动作用。

# 7.7 数字信用

相比其他应用场景，区块链更早被应用于数字信用领域。因此，区块链在数字信用领域的应用更加丰富和成熟。华能积极推动区块链在供应链金融、仓单质押融资、碳排放配额交易中的应用。

**供应链金融——应收账款融资**

（1）业务场景简介

电力物资采购要经历复杂且漫长的过程。物资供应部门在接收到电厂的物资采购需求后，要经历采购、运输才能将物资送达电厂，电厂收货后还要经历质检、入库、财务审批等流程。供应商往往要等待一个月以上的时间才能收回货款,因此承受了较大的资金压力。以发电企业为核心的供应链金融,本质上是依托电厂物资供应链上的真实贸易场景,将电厂、供应商、金融机构连接起来,利用电厂良好的信誉和资质从金融机构获取信用凭证,之后将其分发给物资供应链上下游企业,帮助上下游中小企业通过核心企业的信用凭证从银行等金融机构获取低成本融资。然而,在供应链金融市场中,由于存在数据孤岛、信用难以跨级传递、存证取证烦琐、易造假等痛点,物资供应链中远离核心企业的中小企业获取融资仍存在困难。

(2)区块链解决方案

华能集团利用区块链创新打造了供应链金融平台。这是我国发电企业中首家将区块链技术与能源行业供应链金融深度融合的产品,其核心逻辑是用标准化的确权凭证为物资供应链上下游企业间往来款项清算提供新模式。

供应链金融平台是华能集团智慧物资供应链的重要板块,将区块链、大数据、移动互联网等前沿技术应用于供应链金融,通过区块链技术将电厂资产数字凭证化,实现核心企业信用的跨级传递。通过区块链数据加密、适配等技术,供应链金融平台为数据供需双方提供了环境可信、数据安全可保障、数据使用过程可追溯及可评估的可信数据价值挖掘平台,为跨链资产交互技术提供可信数据支撑。供应链金融平台结合风险防控体系共同支撑业务层面的数字征信、智能风控、信用智能评级等功能。

在供应链金融平台,合同签署过程形成的文档及音视频等数据加盖电子签名打包上链,经过验证的数据一经存储,任何一方都无法对其进行篡改,如图7-4所示。供应链金融平台在数据存储方式上采取"区块链+云存储"的方式保障数据安全,同时使区块链账本具备弹性扩充、海量存储和自动备份的能力;采取多方存证手段,联合司法鉴定、审计、公正、仲裁等权威机构进行多方存证服务，使金融监管有法可依，更有利于司法落地。供应链金融平台支持电子数据存取证服务，利用区块链分布式账本技术实现存证固化和永久保存，实现可信的存证管理；为保证上链数据的安全性和合规性，支持利用国密算法对数据进行加密，并在共识过程中加入重放攻击保护[①]遏制交易作弊行为的发生。

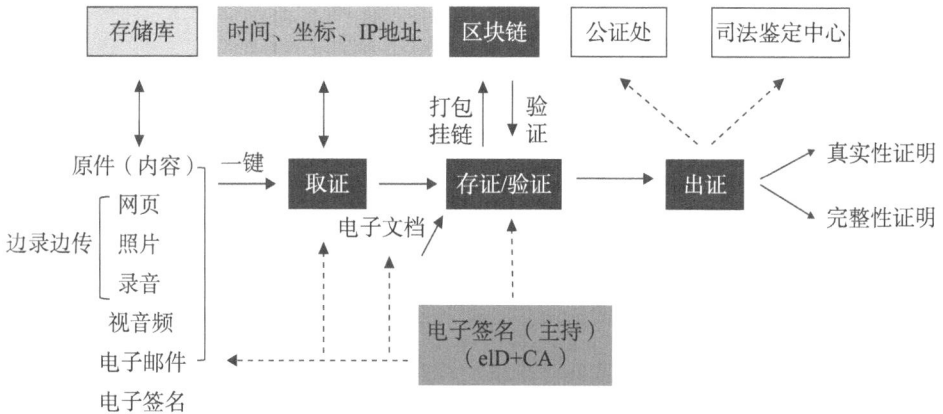

图 7-4  存证示意图

目前，供应链金融平台主要以应收账款融资为主要模式。通过"区块链+电子付款承诺函"的形式，核心企业基于应付账款在线向供应商开立电子付款承诺函（"能信"），将优质企业信用转化为可拆分、可流转、可被银行等机构认可的电子确权凭证。供应链金融平台借助区块链技术确保数据不易

---

① 重放攻击保护：重放攻击（Replay Attacks）又称重播攻击、回放攻击，不仅存在于传统网络中，也存在于区块链网络中。在传统网络中，重放攻击是指攻击者发送一个接收者已接收过的数据包，用于迷惑接收者。攻击者可以是最初的发送者，也可以是拦截并重发数据的第三者。在区块链网络中，尤其是在两条分叉链上容易出现这种问题。为了解决重放攻击问题，就有了重放保护，即分叉后在两条链之间加了一重保护。例如，A 链上进行一笔交易，那么 B 链上重复的交易会被判为无效。重放保护在区块链硬分叉中起到了有效识别及拒绝重放信息的作用。

篡改、不可抵赖,提供业务交易的法律保障。供应链金融作为一种电子付款凭证,具有可差额转让、可在线融资、可持有至到期收款等特点。

供应链金融平台上有电厂、供应商、物资供应中心和融资方。基于区块链不可篡改、可追溯、可拆分的主要特点,华能电厂的信用可以向物资供应链末端传递,物资供应链上的中小企业可以凭借供应链金融平台开立的凭证向融资机构获得低成本的供应链金融服务。公司只要和华能集团这样的核心企业有交易行为,就可以注册成为平台客户,从而享受华能集团的信用,通过平台获得资金方的融资。

供应链金融平台的融资流程为"能信"开立、"能信"流转和资金清算,如图 7-5 所示。

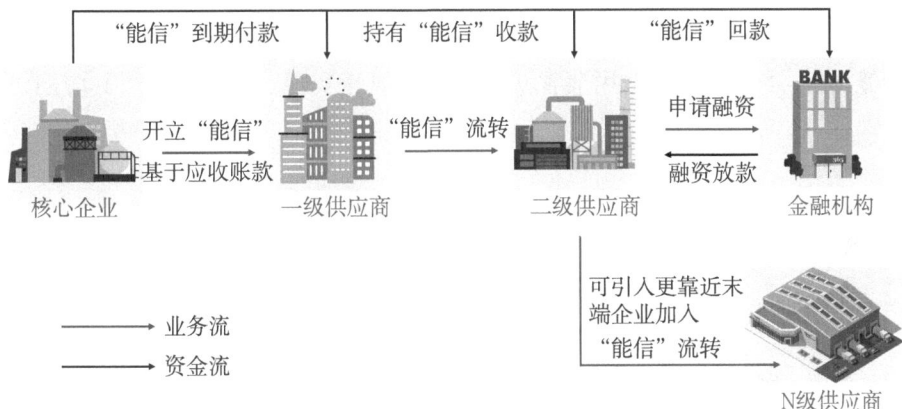

图 7-5 "能信"融资流程示意图

① "能信"开立

核心企业在与供应商签订合同后,根据供应商的实际需要选择相应的时间节点(一般情况是核心企业在到货验收合格后)进行"能信"开立,供应链金融平台通过区块链技术将电厂资产数字凭证化。

② "能信"转让

"能信"凭证具有可拆分、可流转、可批量操作的特点,当供应商亟须资金回笼时,在拿到"能信"凭证后可以通过保理公司或其他资金方根据约定进行兑现,也可将凭证流转给其他供应商。

③ "能信"兑付

到达合同约定的支付日期后,核心企业将"能信"兑付,由"能信"清算系统根据流转数据自动将合同款由核心企业支付到各"能信"持有方。

(3)应用成效

通过供应链金融平台,整个物资供应链的融资门槛降低,全产业链的资金成本得到压缩,依据服务类型的不同,可为行业客户降低 2% ~ 3% 的资金成本。华能南京金陵发电有限公司率先使用"能信"业务,让供应商资金回笼提前 41 天,财务费用节省 9.91 万元,真正实现了降本增效。其应用成效体现在以下几个方面。

① 资产数字化

供应链金融平台整合了供应商的应收、商票、订单、交易数据等各类资产,以数字化方式实现了资产的动态管理与转换。

② 资金流动加速

"能信"凭证具有易开立、易流转、易拆分、易融资的优势特点,可丰富核心企业的支付结算手段,提升企业的资金流运转效率,解决传统支付结算过程中的痛点。

③ 降低企业带息负债和财务费用

核心企业运用供应链金融平台能够对账期进行灵活调节,有效降低带息负债规模。"能信"融资主体为"能信"持有方(供应商),使用"能信"融资的财务费用均计入供应商处，从而降低财务费用和风险。

④ 促成多方共赢的局面

供应链金融平台依托核心企业信用为物资供应链的中小企业提供普惠融资渠道，有利于电厂稳定与供应商的合作关系，增强物资供应链的黏性和竞争力。以银行为代表的资金方借助供应链金融平台既降低了风控压力，也充分响应了国家政策要求。通过供应链金融平台，核心企业、供应商、融资机构多方互利共赢的合作目标得以实现。

**供应链金融——仓单质押融资**

（1）业务场景简介

仓单质押融资是指申请人将其拥有的完全所有权货物存放在银行指定的仓储方，并以仓储方出具的仓单在银行进行质押，银行依据质押仓单向申请人提供短期融资的业务。传统的仓单融资业务受信息化程度低、监管手段落后等因素影响，容易出现欺骗质押、重复质押问题。在仓单质押融资场景中，中小型企业由于企业规模、经营资质达不到银行授信标准，因而难以与商业银行达成合作。

（2）区块链解决方案

在供应链金融平台的基础上，华能继续开展供应链存货质押融资业务研究，打造仓单服务产品"能单"，如图 7-6 所示。"能单"以区块链平台为基础，利用供应链协同系统和供应链金融平台连接风控中心、合约中心、外部金融与监管机构，为能源电力上下游企业提供认证、质检、征信、保险、保价、处置等仓单基础配套服务。"能单"将供应商联储物资仓单认证、质押、兑付三个节点的数据上传到区块链，保证数据一经上链便不可篡改，以维护

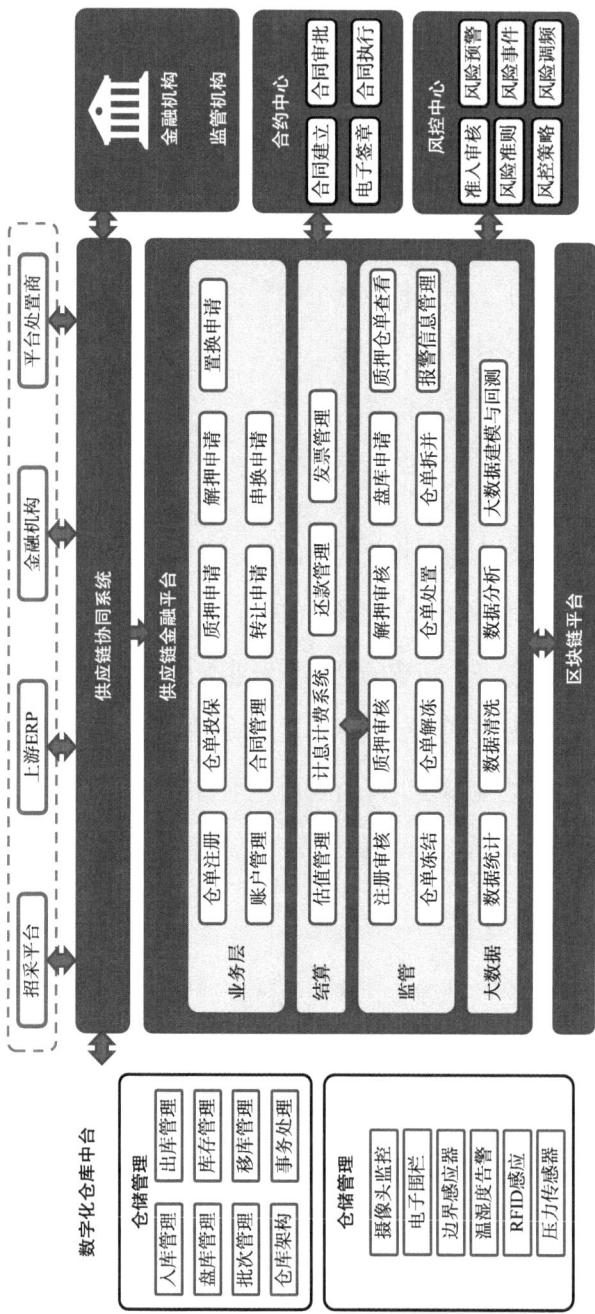

图 7-6 "能单"功能架构

现货仓单融资及交易的安全与便捷。华能在深入推进"双链融合"实践中还将进一步发挥区块链对于数字资产流通的重要作用,将"能单"升级为支持交易流通的标准化物权凭证,为跨单位联合仓储、物资跨区域无障碍调拨提供创新模式。

(3)应用成效

华能集团将区块链融入仓单质押融资场景,在以下几个方面取得了显著的成效。

第一,打造更可信的数字仓单。数字仓单的开具以地磅、测温、测湿等传感器设备数据,质量检测部门出具的质检报告,以及金融机构的评估为依据。数字仓单的信息由产业链各方共同写入。在数字仓单存续期间,仓单内容和状态的更新依托区块链实时记录。其核心技术优势在于金融机构、仓储方、资金需求方等多方主体可以对数字仓单进行交叉验证,规避仓单造假和重复质押。

第二,丰富数字信用服务内涵。区块链技术可以为仓单质押融资提供更加可信的交易环境,增强商业银行等大型金融机构对中小企业融资的信任,扩大仓单融资资金方阵营,为供应商提供更广阔的融资途径,进而增强"能单"的行业影响力。"能单"将推动实现存货仓单化、仓单电子化、存货资产数字化,保障仓单数据的真实可靠,以及仓单融资和交易的安全与高效,为华能"双链融合"业务版图的丰富再添助力。

**碳排放配额交易**

(1)业务场景简介

碳金融是各国为应对极端气候变化而提出的一种创新型金融模式。狭义的碳金融是指以碳排放权期货和期权为代表的金融衍生品的交易流通,而广义的碳金融还包括发展低碳项目的担保、咨询和融资等行为。虽然目前对碳金融的定义并未统一，但由于碳排放权具有较高的投资价值和流动性，现已被视为一种新型金融资产。本书所指的碳金融主要指碳排放权的交易流转。

我国碳市场于 2021 年 7 月上线交易。从目前监督检查的情况来看，企业在开展碳排放数据披露时存在碳排放报告数据造假、碳排放核查工作走过场等问题，对碳市场正常秩序产生了严重的干扰。碳交易的透明度较低，主要表现为企业之间难以明确碳配额的计算、发放与分配，从而在碳交易过程中难以建立信任，影响交易的积极性。目前，我国的碳交易多以行政撮合的方式在线下进行，交易价格市场化程度仍存在较大的调整空间。由于碳交易信息缺乏透明度，易出现需要购买碳权的企业购买不到碳权的情况。

（2）区块链解决方案

我国现行的碳交易法则规定，企业间的碳配额交易必须在公共交易平台进行。为解决碳配额交易中的问题，华能正研究构建控排企业的碳配额交易联盟，如图 7-7 所示。在该联盟中，通过标识体系对企业用户身份、企业对应的设备类别、企业设备发电数据等特定数据项进行绑定关联，明确"一物一码""一企业一碳账户"的账户关联体系，并将部署在企业中的温室气体采集设备收集的数据自动采集上链，同时打通电力企业系统对接，进行二次验证，以确保采集数据的真实可信。控排企业将碳排放信息及时上链存证，并与碳交易平台进行可信数据对接，为碳交易业务提供真实数据。各控排企业可在链上发布碳配额的购买与销售公告，使碳配额交易需求在全网范围共享。达成协议的买卖双方将约定的条款上链存证，双方通过法定的碳配额交易场所进行交易，并将交易结果上链存证。

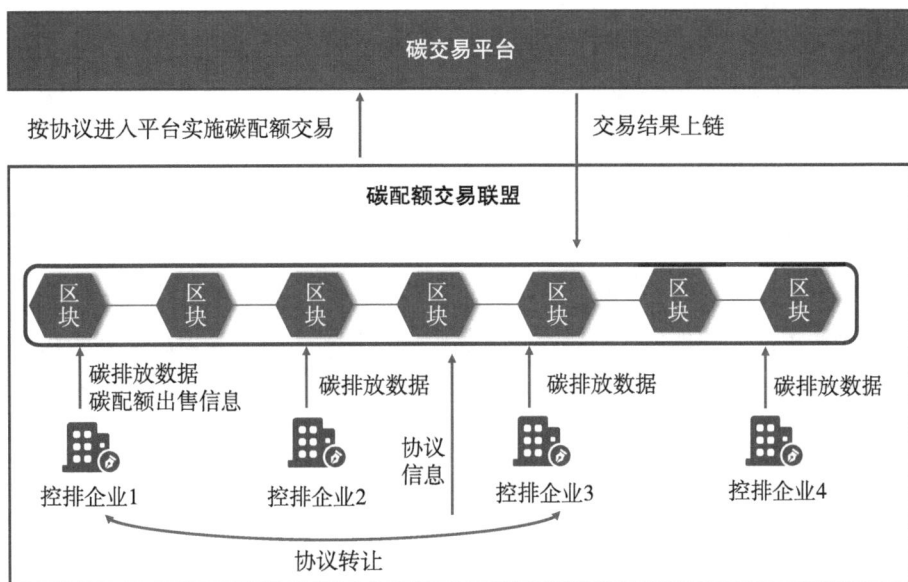

图 7-7　基于区块链的碳配额交易场景

（3）应用成效

将区块链应用于碳配额交易，能够使碳排放信息更加准确可信、交易更加透明，进而推动碳金融体系不断完善。

第一，提供可信碳排放数据。联盟内成员将企业源头采集的碳排放数据上链后形成固化存证，难以伪造和篡改，增强了碳排放数据的可信度，为碳交易的顺利开展提供了数据基础，同时能够简化碳排放数据的核查流程。

第二，增强交易透明度，增强碳市场活跃度。基于区块链的碳配额交易可以实现碳排放数据、碳配额数据、交易数据可追溯，弥补信息不对称带来的信任缺失。碳配额交易主体之间实现了信息共享，弱化了监管机构的作用，碳交易更加透明、便捷。

## 7.8　数据资源共享与资产流通

（1）业务场景简介

数据资源的价值已经得到广泛认可，并引起各个行业的重视。伴随数据交易市场的建立，数据如同实体资产能够进行流通。数据资产流通是指交易双方对特定数据的处理权益进行的交易，是数据提供方对其依法享有的数据处理权益进行处分的一种方式。但是，由于数据的可复制性强，数据资产流通中还存在以下难题。

第一，数据资产确权难。数据以电子化形式存储，具有易删、易改、易复制、易传播、非排他性等特性，给数据确权带来了很大的困难。数据资产与实物资产不同，数据在流转的过程中不会被消耗殆尽，这也增加了数据资产确权的难度。

第二，数据资产流通中的安全问题难以保障。数据资产不能像实体资产一样具有明确的产权，使数据交易后被复制留存，加大了数据滥用、数据资产被多次转卖、数据被篡改的风险。

第三，数据资产价值难以评估。数据资产的价值受时间、使用场景等因素的影响，而数据资产价值的评估方法尚未确定，使数据提供方和需求方对数据价值的评估结果难以达成一致。

（2）区块链解决方案

华能计划利用区块链构建数据资产交易模块，如图 7-8 所示。在该模块中，数据需求方和数据提供方作为节点加入区块链网络。企业通过数据资产交易模块能够实现数据资产登记、数据资产发行和数据资产流向追踪。企业自身收集的数据经过清洗、分类后形成数据资产，将数据上链存证，实现数据资产确权登记,利用区块链共识确保数据资产的唯一性。在数据资产交易模块中,不同的实体均以用户身份参与交易,数据资产的提供方可以在链上针对出售的数据资产发布定价信息,关注数据资产的需求方支付相应的价格后可以得到数据资产的处理权。交易过程中产生的交易订单和交易过程全部上链存证,利用区块链详细记录数据产生、流转、交易全过程。

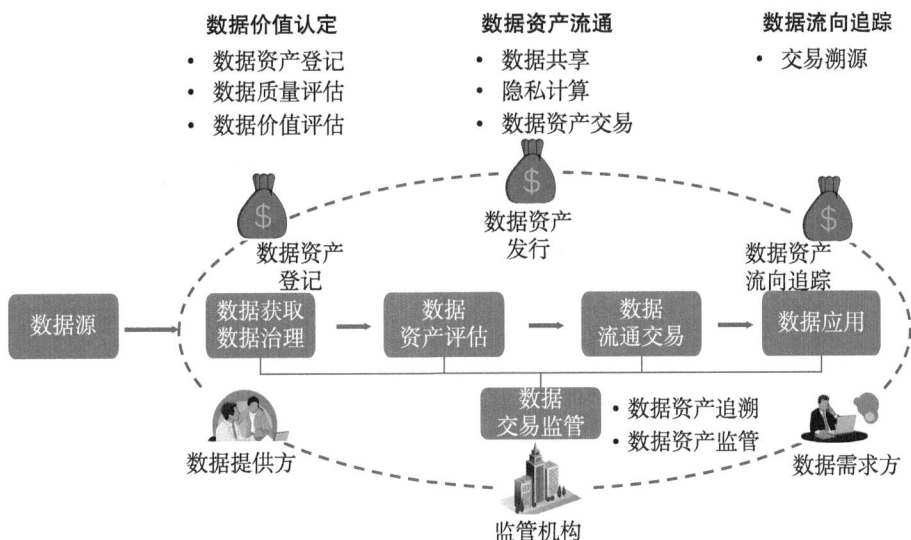

**图 7-8　基于区块链的数据资产交易**

（3）应用成效

基于区块链的数据资产交易一旦实现,将会在以下几个方面取得显著的成效。

第一,保障数据资产权益。区块链能够利用分布式记账、不可篡改等技术特性进行数据确权,保障数据资产具有唯一性。这有助于保障数据提供方和持有方的权益。数据提供方及买方通过区块链技术完成各类资产的上链、确权、定价、交易等行为,使数据资产流通过程全程留痕,保障数据资产权属的连续性和可追溯性，有力遏制了数据滥用。

第二，保护数据资产安全。区块链通过非对称加密、哈希算法等密码学技术保障数据交易的安全性。用户的隐私数据资产被授权的对象、范围和内容、授权时间、有效期等都可以被查验，且记录不可篡改，便于隐私数据资产流通的监管与审计。

第三，推动数据资产流通。区块链有利于加快构建行业型数据资产交易联盟，能够利用智能合约打破各自为政的数据资产定价标准和方法，从而进行数据资产的统一定价，解决数据资产价格不统一、定价随意等问题，为数据资产的共享和流通提供了有力的支撑和可靠的环境。

# 第 8 章
# 打造高质量能源电力物资供应链

企业发展所面临外部环境的不稳定性增强，借助科技力量帮助能源电力企业构建更自主可控、更绿色、更智能的物资供应链，是确保其在市场中保持竞争优势的重要前提。区块链能够通过发挥自身技术优势，顺应行业发展趋势，继续成为推动能源电力物资供应链高质量发展的重要技术支撑手段。

# 8.1 自主可控升级持续发力，区块链将作为重要黏合剂

贸易摩擦使全球供应链持续紧张，局部地区冲突等不确定因素产生的次生冲击使原本紧绷的全球供应链"雪上加霜"。未来全球供应链瓶颈还将进一步加剧，引发效率下降、成本上升，全球一体化可能逐渐转变为各经济体在小范围的抱团取暖。能源电力企业生产所需的物资品类多，供应商遍布全球。面对全球供应链的巨大变化，我国能源电力行业遭遇了因物资供应链阻滞、运行不畅而引发的物资短缺，导致设备停机时间延长，影响企业经济效益。造成这些问题的根源在于我国能源电力物资供应链大而不强、大而不优、大而不稳。

为巩固和提升我国能源电力行业的安全性和竞争力，补齐物资供应链短板，提高物资原材料供应能力、电工材料研发与制造水平，优化电工装备制造工艺，打造自主可控、高度安全的物资供应链将成为能源电力行业在物资供应链建设中的核心任务。能源电力企业将通过调动产业链供应链充分合作、构建战略性产业集群等方式，提高自身在能源电力物资供应链关键节点的影响力。

调动全链充分合作是实现自主可控的重要途径。能源电力供应链产业链缺乏整体布局，上下游合作不紧密，协同创新能力不足。能源电力物资供应链要想提高自主可控能力，需要物资供应链中的头部企业积极打造综合型供应链服务网络，与上下游合作伙伴共同探索电商化采购、物流综合服务、供应链金融等新场景及新模式。携手产业链、物资供应链各方主体营造良好的发展环境，提升物资供应链价值，推动资源优化配置，在行业内部实现互利共赢、开放共享、共生共荣。

构建战略性产业集群是实现自主可控的必然选择。现阶段，我国能源电力物资制造群体分布地域较为分散，造成行业竞争力的耗散效应。构建产业集群能够推动技术、人才、资本、数据等生产要素向具有先进生产力的区域集聚，形成创新驱动力，提升我国电力物资产业制造能力，促进产业迈向价值链中高端。

区块链技术能够很好地契合物资供应链多方协作、资源整合共享的特点，在增强产业链供应链自主可控能力方面将发挥积极作用。

区块链将成为促进物资供应链协同的基础工具。能源电力物资供应链主体所处的地理位置分散、信息化系统数量庞大，物资供应链协同过程中极易产生脱节。区块链技术的分布式特征契合能源电力物资供应链协同主体分散、复杂的特点，可以真正实现多主体互联、业务数据实时共享，帮助能源电力企业及时掌握供需信息，用于调整生产、采购与库存管理决策，增强多方协作的敏捷性与供需对接的精确性。

跨链技术将广泛应用，促进物资供应链协同深入发展。"双链融合"在能源电力物资供应链中已经取得阶段性进展。现阶段，"双链融合"是以联盟链为主要形式，以核心企业为主导，将上下游企业连接到同一联盟中。但是，实现更大范围的能源电力物资供应链协同，需要在不同的联盟链之间开展业务交互。跨链技术是推进"双链融合"从链条式继续深入发展为网络式的关键技术。在未来的"双链融合"发展中，随着跨链易用性、可扩展性和安全性的提升，跨链技术将被越来越多地应用于跨区块链联盟的物资供应链协同当中。

区块链消除信息不对称，探索供应链产业链运行新机制。能源电力企业将结合区块链、物联网、云计算，构建一个多方共治、公平可信、智能运作的云链结合的服务基础设施，将分散的物资供应链信息集结起来，从而提高资源聚集性，助力构建战略性产业集群。

## 8.2 绿色低碳转型深入推进，区块链将作为重要推动力

气候变化已经给全球造成深远影响，并使低碳转型成为世界性的共同责任。能源电力行业作为落实"双碳"战略备受关注的领域，低碳转型、绿色发展已经成为行业共识。物资供应链承担着维持企业生产经营的枢纽功能，打造绿色物资供应链与企业低碳发展一脉相承。能源电力行业减碳目标的层层分解，最终会把碳减排任务落实到物资供应链的各个环节。因此，推动物资供应链业务低碳转型将成为构建能源电力绿色物资供应链的必然举措。能源电力企业将以采购、物流、供应链全生命周期管理作为切入点，积极塑造绿色低碳的物资供应链。

实施低碳化采购将成为构建绿色物资供应链的首要途径。采购是物资输入的起点，是实现物资供应链源头降碳的关键。能源电力企业将采取多种途径推动物资供应链上游降碳。例如，在采购环节施行绿色准入机制、加强供应商环境绩效考核、引入碳标签机制等。

打造低碳物流将成为构建绿色物资供应链的重点任务。物资运输过程中运输工具耗能、物资包装都伴随碳排放。能源电力企业将积极推广集中配送、共同配送、多式联运的物流运输方式，提高运输效率。能源电力企业还会推广低碳运输工具，使用绿色包装，在仓库中推广使用清洁能源，多措并举推进物流低碳转型。

实施物资供应链全生命周期碳排放管理，将成为构建绿色物资供应链的

必然之举。能源电力企业的物资供应链链条长、产品特性复杂、使用寿命普遍较长，为深入贯彻绿色发展理念，需要着眼于物资供应链全生命周期。因此，能源电力企业将对物资开展从原材料获取、制造、使用到废物回收的全生命周期各阶段评价，重点分析各阶段的资源能源消耗、生态环境影响，选取可量化的指标构建物资全生命周期绿色评估体系。能源电力企业通过量化指标识别高碳环节，进而实施针对性的减排措施，构建绿色物资供应链体系。

区块链的技术特性使其能够与绿色低碳物资供应链场景产生高度契合。"双碳"战略的推进，为能源电力企业利用区块链打造物资供应链热点应用提供了契机。

能源电力企业可以利用区块链提高碳排放统计数据的质量。利用物资供应链将碳排放管理延伸至更加耗能的上游生产环节，将成为关乎能源电力企业品牌形象和供应商可持续发展的核心问题。能源电力企业只有在定位碳排放量高的节点的前提下，才能实施精准降碳。因此，实现碳减排，首先要做好碳排放的统计与溯源工作，而数据质量是做好这项工作的生命线。能源电力企业利用区块链结合物联网，将传感器采集的源头数据和企业生产能耗数据上链，利用区块链数据难篡改、可追溯的特性保障数据高质量存储，利用智能合约自动执行碳排放量核算，为企业和检测机构提供一站式自动化服务。

能源电力企业可以利用区块链提高碳排放数据监管效率。区块链的分布式特性能够确保多方合作的便捷性，物资供应链中企业的碳排放可以通过区块链网络实现多方校验认证，有助于提高碳排放数据的可信度，同时便于相关监管部门实施高效监管。

能源电力企业可以利用区块链实现物资供应链碳排放全生命周期管理。

区块链技术能够通过时间戳为物资供应链生成完整碳足迹路径提供可行方案，有助于能源电力企业筛选绿色供应商、开展运输和仓储节能改造。

此外，随着降碳行动持续深入，碳资产将被视为企业资产的重要组成部分，区块链还能够为开展可信碳资产管理与交易提供技术支持。

## 8.3 数字化转型深入推进，区块链将作为重要催化剂

"十四五"规划中提到加快数字经济建设，以数字化转型整体驱动生产方式、生活方式和治理方式变革。2023 年"两会"通过了组建国家数据局的议案。由此可见，数字经济、数据基础设施、数据资源的重要性进一步凸显，数字化转型将继续深入推进。能源电力物资供应链作为新一代信息技术应用最活跃的领域之一，将会依托信息化管理平台，全面推动能源电力物资供应链可视化管理、智能化运作和智慧化决策。

区块链将为能源电力物资供应链数字化深入发展提供基础设施支撑。区块链网络、应用服务平台可以为能源电力物资供应链主体提供开发、创建、管理和维护等区块链应用服务，助力企业构建新型数据共享方式与分布式协同生产机制。

区块链将加快能源电力物资供应链数据要素流通。利用区块链的数字签名、共识算法、智能合约等技术，可以将能源电力物资供应链中的数字资源生产者和使用者作为重要节点加入区块链网络，并建立安全可信的身份体系和责任划分体系。通过区块链锁定数据各权益主体数字资源、明确多方数据权益关系，并为网络中的成员提供基于区块链的数字资产可信权益证明，为

物资供应链数据要素流通奠定了坚实的基础。

区块链将催生能源电力物资供应链新业务。能源电力企业将利用区块链推动实体物资完成在物理世界和网络世界之间的关联映射，推动形成标准化、可流通的物权凭证，实现实体物资在网络中的价值锚定，加快物资跨企业、跨地区流通。区块链能够清晰、无误地为物资供应链业务产生的数字票据提供存证，配合交易流水、商务合约等信息，为信用审查机构的数字信用建模与信用额度发放提供可信的依据，服务于金融、保险等活动，丰富和拓展物资供应链的数字票据功能，真正实现供应链物流、资金流、商流、信息流的"四流合一"。

最后，在世界宏观经济发展面临供应链环境危机、安全危机及数字经济可能带来发展模式大变革的背景下，能源电力物资供应链将会积极应对挑战、把握机遇，通过采取一系列措施加强自主安全与多元可控、实现低碳转型、把握数字经济发展带来的新机遇。区块链作为重要技术将继续发挥重要作用，最终助力能源电力企业塑造具有强大韧性与创新活力的物资供应链，为能源电力企业获取更多竞争优势。

# 参考文献

[1]  [美]Bruce Eckel. 竞争优势 [M]. 陈丽芳，译. 北京：中信出版社，2014.

[2]  [美]James.Womack，[英]Daniel.Jones. 精益思想 [M]. 北京：机械工业出版社，2009.

[3]  刘宝红. 采购与供应链管理：一个实践者的角度（第 3 版）. 北京：机械工业出版社，2019.

[4]  何吉涛等. 供应链管理：理论、难点与案例. 北京：人民邮电出版社，2013.

[5]  刘宝红. 供应链管理：高成本、高库存、重资产的解决方案. 北京：机械工业出版社，2016.

[6]  刘宝红. 供应链管理：实践者的专家之路. 北京：机械工业出版社，2017.

[7]  梅长江等. 石油企业物资仓储管理实务. 北京：石油工业出版社，2019.

[8]  邱伏生. 中国战略性新兴产业研究与发展：智能供应链. 北京：机械工业出版社，2019.

[9]  王伟. 云计算原理与实践. 北京：人民邮电出版社，2019.

[10]  史忠植. 人工智能. 北京：机械工业出版社，2016.

[11]  史蒂芬卢奇，丹尼科佩克. 人工智能. 北京：人民邮电出版社，2018.

[12]  邹韵. 区块链核心技术与应用. 北京：机械工业出版社，2018.

[13]  华为区块链技术开发团队. 区块链技术及应用. 北京：清华大学出版社，2019.

[14]  赵惟，刘权. 数字资产：新基建重构数字经济新形态. 北京：人民邮电出版社，2020.